**DROEMER**

*Bisher sind folgende Titel von Karin Kalisa erschienen:*
Sungs Laden
Sternstunde
Radio Activity

*Über die Autorin:*
Karin Kalisa, geboren 1965, lebt nach Stationen in Bremerhaven, Hamburg, Tokio und Wien seit einigen Jahren im Osten Berlins. Sowohl als Wissenschaftlerin als auch mit dem Blick einer Literatin forscht sie in den Feldern asiatischer Sprachen, philosophischer Denkfiguren und ethnologischer Beschreibungen. Nach Karin Kalisas Debütroman »Sungs Laden« und der Wintererzählung »Sternstunde« erschienen zuletzt ihre Romane »Radio Activity« und »Bergsalz«.

# KARIN KALISA

# BERGSALZ

ROMAN

**Besuchen Sie uns im Internet:**
www.droemer.de

Aus Verantwortung für die Umwelt hat sich die Verlagsgruppe Droemer Knaur zu einer nachhaltigen Buchproduktion verpflichtet. Der bewusste Umgang mit unseren Ressourcen, der Schutz unseres Klimas und der Natur gehören zu unseren obersten Unternehmenszielen. Gemeinsam mit unseren Partnern und Lieferanten setzen wir uns für eine klimaneutrale Buchproduktion ein, die den Erwerb von Klimazertifikaten zur Kompensation des $CO_2$-Ausstoßes einschließt. Weitere Informationen finden Sie unter: www.klimaneutralerverlag.de

Vollständige Taschenbuchausgabe Dezember 2021
Droemer Taschenbuch
© 2020 Droemer Verlag
Ein Imprint der Verlagsgruppe
Droemer Knaur GmbH & Co. KG, München
Alle Rechte vorbehalten. Das Werk darf – auch teilweise – nur mit Genehmigung des Verlags wiedergegeben werden.
Abdruck des Umschlagbilds »Dreigestirn« mit freundlicher Genehmigung des Schweizer Bergmalers Peter Marti und der Jungfraubahnen.
Covergestaltung: semper smile, München
unter Verwendung eines Motivs von © Jungfrau.ch
Satz: Adobe InDesign im Verlag
Druck und Bindung: GGP Media GmbH, Pößneck
ISBN 978-3-426-30683-3

*'Cause all that you have is your soul.*

Tracy Chapman

# I.

Dieser Wind, den man sieht, bevor man ihn spürt. Man sieht ihn. Und man sieht ihn nicht. Man sieht, was er zu sehen gibt. Berge zum Beispiel. Die gezackte Linie ihrer Gipfel scharf umrissen wie das Relief einer Panoramakarte. So sind sie. Genau so. Und doch sind sie nicht so – nicht so nah. Er spiegelt sie vor. Wirft die Welt auf sich zurück; in pure Form und Gestalt.

Seine Klarheit ist von der Art, die Dinge scharf stellt, bis es schmerzt. Darf Welt so durchsichtig sein? Und Durchsichtigkeit so gleißend blau?

Die Schneefelder der Nordkare: zum Greifen nahe. Doch man greift ins Leere. In ein Nichts, das Berge versetzt – und meinen lässt, man rieche den Sommerschnee, wo er doch alles längst hinter sich gelassen hat: Die Kämme mit Firnisfeldern, die Gletscherzungen, die Hochmoore. Hinabgeglitten an den Nordhängen, ist er warm und wärmer geworden wie in einem schnell ansteigenden Fieber – und so leicht dabei. Jetzt kann er nichts mehr festhalten, die Kälte nicht und nicht den Schnee, keinen Regen, keinen Duft.

Es ist dieser Wind, der nichts verbirgt, nichts mit sich und nichts in sich trägt, der sonnenklar ist und doch rätselhaft in allem, was er hervorbringt: Trugbilder, Herzrasen, Kopfweh und ein seltsames Ziehen, das den Schlaf raubt. Bevor er Boden erlangt, ist er schon unter die Haut gegangen: In seiner trockenen Wärme summen die Nerven wie elektrische Überlandleitungen. Wie lange kann das gut gehen?

Viel Zeit ist ihm nicht gegeben. Machtvoll und unaufhaltsam ist er, und doch immer kurz vor dem Zusammenbruch. Das Tief wird sich verlagern. Der Wind wird auf West drehen und ihn zum Erliegen bringen – binnen Stunden. Nordwind wird folgen – rau, doch nicht so ruppig wie der aus Osten, der zerren und zetern und den Schall der Autobahnen über die Felder tragen wird. Aber soweit ist es nicht. Noch ist er da. Überströmend vor Energie, ein Wirbel von Wärme und Lebendigkeit. Man öffnet ihm Fenster und Türen. Und müsste es nicht. Denn er findet auch so seinen Weg. Föhn zieht übers Land.

Er fällt ein in ein Haus, das gut im Wind steht – das sich gut mit dem Wind steht. Durch die Spalten zwischen den Ziegeln unters Dach fährt er und um tief zerfurchte Balken herum. Durch die geöffneten Fenster und durch die geschlossenen. Immer finden sich genügend Schlupflöcher für ihn im brüchigen Fugenkitt. Schon ist er überall. Lässt in der Küche das Zeitungspapier rascheln, streicht über die Handtücher im Bad, weht in der Diele einen Einkaufszettel von der Kommode, treibt Reisig übers Ofenblech, bläst Staub von den Nähgarnen und lässt ihn in der Sonne tanzen – in diesem einfachen Haus, das sich selbst lüftet. Nach vier Seiten. Mit den vier Winden. Es gehört einer Frau, die Luftbewegung für ein Lebenselixier hält: Franziska Heberle. Die Franzi. Hier wohnt sie. Und hier ist sie auch zu Hause.

Sie steht in ihrer Küche, und während sie die Kartoffeln auf den Herd setzt und beginnt, die Bohnen zu schnippeln, schaut sie ab und zu durchs Küchenfenster in den Himmel, auf die Wolkenfische, die der Föhn so schön glattgeschliffen hat. Sie mag es, wenn Dinge klar sind. Sie mag den Föhn. Gerade denkt sie darüber nach, ob sie schnell in den Garten hinaus soll für einen Stängel vom Estragon, den sie von hier aus sehen kann im Beet neben dem Gartenhäuschen. In seinen hohen Büscheln spielt der Wind. Von allerhellstem Grün sind sie, nahezu gelb – perfekt zu den Bohnen. Aber reicht die Zeit? Oder zerkochen dann die Kartoffeln, während sie Schuhe wechseln und eine Strickjacke überziehen, die kleine Schere vom Fensterbrett zur Hand nehmen, den Estragon ernten, die Schuhe zurückwechseln und die Jacke wieder ausziehen müsste? Die Schmetterlinge aus dem Sommerflieder würde sie aufstören. Ob das Geschmackserlebnis in einer Viertelstunde den schönen Anblick von jetzt ausgleichen würde? Soll sie nicht doch lieber den getrockneten Estragon aus dem Gewürzschrank nehmen? Irgendwann verdirbt der ja auch. Während sie Vor- und Nachteile bedenkt von frischem und getrocknetem Estragon und sogar noch die Alternative von Majoran erwägt, der um einiges näher am Haus steht – da brauchte sie vielleicht weder Schuhe zu wechseln noch eine Jacke überzuwerfen –, klingelt es.

\* \* \*

Erst hatte sie gemeint, das Klingeln sei im Radio, denn wer sollte um diese Zeit klingeln? Mittagszeit. Mittagessenzubereitungszeit, da klingelt keiner. Keiner, den man kannte und dem man die Tür öffnen mochte. Die, die man kannte, taten nämlich gerade das gleiche wie man selbst: Mittagessen kochen, Mittagessen essen. Jetzt klopfte es. Erst zögerlich wie eine Frage, dann mit einer gewissen Dringlichkeit. Um nicht zu sagen Aufdringlichkeit. Klingeln ließ sich überhören, Klopfen nicht. Wenn das jetzt wieder der Apfelbauer vom Bodensee ist, dachte Franzi. Hatte sie letztens nicht deutlich genug gesagt, dass sie sehr gern auf die Äpfel vom eigenen Baum warte. Alles zu seiner Zeit. Neue Sorten? Nein, sie war nicht interessiert. Diese eine alte hier, die reiche ihr vollkommen, hatte sie an der Tür gesagt und in den Vorgarten gedeutet, auf den Baum, der sie Jahr um Jahr zuverlässig versorgte. Ein Apfel müsse nach Herbst schmecken, nach Morgentau und Mittagssonne, nicht nach guter Lagerungsfähigkeit. Und dann diese Hybride. Halb Apfel, halb Birne. Nicht mit ihr.

Mit zwei energischen Drehs schaltete sie den Herd runter und gab der Pfanne einen Schubs aufs freie Kochfeld. Sehr verstimmt darüber, dass eine Apfeldiskussion sie jetzt am Fertigkochen hindern würde – da hätte sie ja auch gleich den Estragon aus dem Garten holen können –, öffnete sie Windfang und Haustür. Doch nicht der Apfelbauer mit seinem Korb voller Verkostungsäpfel stand dort; mit einem Emaillebecher in der Hand stand da: die Johanna. Und fragte nach Mehl.

Vielleicht, war der Franzi im Nachhinein in den Sinn gekommen, hatte die Johanna gar nicht wirklich gefragt, sondern nur den Becher so hingehalten, wie Spendensammler es tun, und etwas vor sich hingenuschelt oder auch gar nichts gesagt, und sie hatte in ihrem Innenohr einfach mit Johannas Stimme den Satz gehört, der dazu passte: »Hast a bitzle Mehl?«

Dass sie in der Erinnerung die Johanna gar nicht sprechen hörte, wunderte sie nicht. Denn Sätze wie dieser waren nicht vorgesehen. Es gab sie nicht außerhalb sehr spezieller Gegebenheiten. Und eben die waren hier nicht gegeben gewesen.

Mit der Tasse vor Nachbars Tür zu stehen und Mehl leihen, das machen Stadtmenschen. Die haben eine Packung Mehl im Haus, und nach einmal Kuchen und einmal Kässpatzen ist die Packung halb leer, dann noch einmal Pfannkuchen, und schon ist für eine Mehlschwitze zu wenig da. Weil sie keine gescheite Vorratshaltung kennen, die Städter – und sie das Einkaufen einfach vergessen, bei allem, was in der Stadt los ist; wo es ja schon damit anfängt, dass es keine Parkplätze gibt und keinen ordentlichen Keller, in dem das Mehl nach Typen und Haltbarkeit in ausgemusterten Küchenschränken steht. Wo die Kartoffeln dunkel lagern, die Äpfel nach Gebrauchszusammenhängen sortiert sind, wo die Karotten im Sand stecken und das Kraut mit Lorbeer und Wacholder im Römertopf gärt. Sie sprechen von Nachhaltigkeit, die Städter, und kennen das Vorhalten und Bevorraten nicht – und müssen, um eben mal eine Soße oder eine Flädlesuppe zu machen, nach nebenan oder eine Treppe hoch oder runter – und anklopfen.

Auf dem Dorf ist man ans Bevorraten gewöhnt. Es wäre leichtsinnig, sich daran nicht zu halten. Man kann einschneien wie im März vor fünfzehn Jahren, oder das Auto springt nicht an, oder die Straßen sind gesperrt. Stau und Steinschlag. Lieber eine Packung zu viel als eine zu wenig. Und wenn man wirklich mal kein Mehl mehr hat, kaum vorstellbar, gibt es immer noch Mondamin. Irgendetwas ist halt immer im Haus. Das war ihr in siebeneinhalb Jahrzehnten nicht passiert, dass sie um eine Tasse

Mehl zum Nachbarn hat müssen – dachte Franzi, während sie Johanna ansah, diese Augen, die unendlich müde ausschauten und doch so unruhig flackerten. Die falsch zugeknöpfte Bluse und Hausschuhe, nicht mal richtig angezogen, nur eben so reingeschlupft und hinten runtergetreten. Mit hinten runtergetretenen Hausschuhen war die Johanna über die Straße zu ihr hochgelaufen, als würde der Teufel sie aus dem Haus gejagt haben – für eine Handvoll Mehl. Aber gleichzeitig, als würde sie auf einmal mit zwei Köpfen und vier Augen in der Welt stehen, sah Franzi die Johanna, wie sie vor einem halben Jahr am Grab vom Karl gestanden hatte, im letzten Wind, der noch nach Schnee roch. Und wie sie danach nur so dagesessen, ihre Beerdigungssuppe weggeschoben und ihr Stück Brot zerbröselt hatte. Es war gutes Brot gewesen, mit Saaten und Körnern, und die Johanna hatte es so lange zwischen den fahrigen Fingern gehabt, bis es wie Vogelfutter vor ihr auf dem Tisch lag. Nichts angerührt hatte sie damals von der reichlich gedeckten Tafel. Als hätte sie innerlich abgeschlossen mit Kochen, Backen und Essen überhaupt. Logisch, dass sie kein Mehl hatte. Und bei ›kein Mehl‹ kamen beide Geschichten zum Stehen, und es war wieder ein Kopf, der jetzt dachte: Natürlich hat die Johanna Mehl zu Hause. Nicht nur »ein bitzle«. Sie hat, wie jede hier, anderthalb Packungen oben in der Küche und etliche unten im Keller. Mehl war lange haltbar; das Mehl, das in Johannas Keller lagerte, hatte sie womöglich noch mit dem Karl zusammen eingekauft. Und seitdem nicht verbraucht. Die Johanna, dachte Franzi, war mindestens so gut bevorratet wie sie selbst: Weizenmehl Type 405 für Kuchen und Soße wird viermal da sein, Type 550 für Pizza und Blätterteig dreimal,

Type 1050 für Mischbrot und Quiche mindestens zweimal. Abgesehen davon wird es in Johannas Keller Dinkelmehl geben für Krapfen und Weizen-Allergie-Gäste, grobes Brenntermehl aus geschrotetem Hafer fürs Frühstücksmus und einige zusätzliche Packungen jeweils in der Vollkornvariante.

Einmal, zu Weihnachten vor vielen Jahren, hatte die Franzi sich erlaubt, die Spitzbuben mit Vollkornmehl zu backen. Die waren dann auf dem Plätzchenteller im Wohnzimmer eingestaubt. Aus Anstand hatte der Anton ein Stück genommen, nicht wie sonst eines übrig gelassen aus Anstand, das hatte sie wohl bemerkt. Bio-Spitzbuben – das war ihm dann doch zu weit gegangen. An Vollkornmehl in den Kraut- und Apfelspatzen hatte er sich gewöhnt, an Vollwert in Salat und Soße auch. Ohne zu murren hatte er die Packungen mit Dunkelmehl (wie er es nannte) im Keller gestapelt – nach Type-Ziffern geordnet, nicht anders als die Aufsätze seiner Bohrmaschine. Was in diesem Fall bedeutete, von fein zu grob, von Gebäck über Pizza zu Brot. Immer hatte er beim Mehl auf die gleiche schöne Ordnung wie beim Werkzeug gehalten. Bis er es nicht mehr in den Keller schaffte. Von heut auf morgen. Da hatte Franzi eine Zeit lang Mehl nur in Weiß gekauft und alles in Weiß gekocht, was sich in Weiß kochen ließ, als wäre dies die letzte Freude, die sie ihm auf Erden bereiten durfte. Und er hatte dazu gelächelt, wie nur er lächeln konnte – wie ein Bub und doch so weise wie Vater Abraham.

Von dem Mehl, das unten in ihrem Keller nach Anton-Art aufgereiht war, da könnte sie ruhig auch eine Packung abgeben, aber die Johanna müsste halt sagen, welches, und dann würde sie rasch in den Keller hinabsteigen und die Johanna derweil vor der Haustür warten. Aber weil sie ja gerade kraft ihres doppelten Kopfes drauf gekommen war, dass die Johanna nicht weniger Mehl im Haus hatte als sie selbst, sondern mindestens ebenso viel wie sie selbst, und dass es hier gar nicht um Mehl ging und sie daher erstens nicht die steile Kellertreppe hinuntergehen und zweitens die Johanna nicht völlig sinnloser Weise draußen stehen und warten müsste, in Hausschuhen und mit diesem Becher, verbot sich dergleichen. Unwillig darüber, dass hier etwas so sehr im Unklaren war und sie mit der Johanna zwischen drei Türen stand: Haus-, Wind- und Kellertür, wie in einem Warndreieck, während in der Küche Halbgekochtes in sich zusammenfiel, sagte sie: »Komm halt mal rein« und war selbst erstaunt darüber, wie das klang. So gar nicht wie eine Einladung.

Dann saß Johanna am Küchentisch, ohne dass noch ein Wort über Mehl gesagt wurde. Genau genommen wurde überhaupt kein Wort gesagt. Den Dunstabzug hatte Franzi eingeschaltet, da konnte man nebenher gar nicht sprechen. Selbst wenn man wollte, und sie jedenfalls wollte nicht. Statt zu sprechen, hatte sie einen kleinen Rest Mutschelmehlsuppe warmgemacht und rasch noch ein paar Schnittlauchhalme kleingehackt und drübergestreut, ganz automatisch, ohne nachzudenken, ohne *darüber* nachzudenken. Reste liebte sie genauso wenig wie Unklarheiten. Was sollte man damit machen, es reichte nicht hinten, es reichte nicht vorn. Aber immer blieben ihr Reste. An kleine Mengen konnte Franzi sich nicht gewöhnen. So klein wie für eine Person konnte man nicht denken und konnte man nicht kochen. Immerhin war jetzt der Rest Suppe genau richtig – dermaßen verhuscht und bleich, wie die Johanna ausschaute. Während Johanna löffelte, ohne den Blick zu heben, konnte Franzi die Bohnen ablöschen. Und überlegen, was sie mit ihr machen sollte.

›Was sollst machen?‹ War das nicht genau das, was sie sich selbst gesagt hatte, als diese verzweifelte Einsamkeit über sie hergefallen war, das Haus so leer, der Tag so lang, die Nächte endlos. ›Was sollst machen?‹ Als ob dies die Frage, ja als ob dies überhaupt eine Frage wäre. ›Kannst halt nichts machen.‹ Als ob dies die Antwort, ja, als ob dies überhaupt eine Antwort wäre. Zwei Sätze, die zusammenpassten wie zwei glatte Kanten in einem Puzzle. Leicht glitten sie den Menschen aus dem Mund, aber sie griffen nicht ineinander und sie bewegten nichts. Franzi hatte aufgehört, auf diese Weise zu fragen, und wollte eigentlich nicht wieder damit anfangen.

Zwei flache Teller stellte sie auf den Tisch und registrierte, dass Johanna nicht protestierte. Ihre Wangen waren rosiger geworden. Das freute die Franzi. »Gell«, sagte sie, »aufgewärmt tut den Nockerln nichts.« Dann drückte sie der Johanna ein Schälmesser in die Hand, wie früher dem Anton, wenn der in der Küche rumgelungert hatte, weil es ihm mal wieder zu lang gedauert und er sich auf sein Schnitzel schon so arg gefreut hatte, und in der letzten Zeit vor allem auf sein Mittagsschläfchen nach dem Essen. Sobald die Johanna Dreispitz und Messerchen in der Hand hielt, fing sie an zu schälen, hurtig und geschickt, wie sie jahrzehntelang für eine siebenköpfige Familie mit Hund, Katze und Maultier hinterm Haus Kartoffeln geschält hatte, und als hätten ihre raschen Finger sie aus ihrer Weltverlorenheit erlöst, sagte sie:

»Aber den Kümmel tust schon auch gleich ins kalte Wasser, oder? Damit er langsam zieht.«

»Hast was gesagt?«, fragte die Franzi und schaltete den Dunstabzug aus.

»Ob du den Kümmel ins kalte Wasser tust oder ins heiße, ins kalte, gell?«

»Nein, der laugt doch aus«, antwortete Franzi und war drauf und dran, den Abzug wieder anzustellen. Als sie spürte, dass das kleine Gespräch gerade in ein zu rasches Ende hineinlief, setzte sie wieder an: »Den Wiesenkümmel nehm ich eh nur für die Pellkartoffeln«, sagte sie, »die Aufläufe mach ich schon lang mit Kreuzkümmel aus dem Eine-Welt-Laden, und in die Krautspatzen kommt bei mir Schnittlauch hinein und weißer Pfeffer.«

»Die hat mein Karl immer so gern mögen, die Krautspatzen«, sagte die Johanna – und fing bitterlich an zu weinen. Nicht leise, nicht laut: bitterlich. Davor hatte sich die Franzi gefürchtet. Hatte sich davor gefürchtet, hatte sich in die Kümmel-Varianten hineingeredet und war doch froh, dass es jetzt so weit war, weil man nun nicht mehr um das Mehl rumreden und sie am Ende doch noch umsonst in den Keller hinabsteigen musste, um etwas zu holen, was die Johanna mehr als genug daheim hatte, wo es doch überhaupt nicht um Mehl ging, sondern um den Karl, der nimmermehr war und nimmermehr aß, was die Johanna kochte. Lautlos, wie in jahrzehntelanger Rücksicht eingeübt, weinte die Johanna, hatte den Kopf auf ihre Arme gesenkt, die gekreuzt auf dem Tisch lagen, eine Höhle für ihre Trauer, die kein anderer kannte, weil kein anderer den Karl so gekannt hatte wie sie. Sechzig Jahre lang. Sechzig Jahre, drei Monate und fünf Tage lang. Und seitdem waren hundertundzweiundachtzig Tage vergangen. Hundertundzweiundachtzig Tage hatte sie heute Morgen gezählt, und da hatte diese Zahl sie plötzlich so schräg angesehen, als käme sie von irgendwoher, wo alles schräg und schief war, jedenfalls nicht aus dem Kuli heraus auf den Rand der Rundfunkbeilage. Und hätte ihr diese Frage in den Kopf geschoben, ob sie ihren Karl überhaupt noch kennen konnte. Konnte man denn jemanden kennen, der tot war? Oder war es dann mit dem Kennen aus und vorbei? Weil man sich ja nicht auskannte damit, was nach dem Sterben kam, und ungewiss war, ob der Karl oder etwas vom Karl irgendwo anders war oder auf eine Weise nicht mehr, die man nicht kennen konnte. Da war die Johanna selbst ins Rutschen gekommen, nicht auf ihren zwei Beinen, auf einem Treppenabsatz, sondern in ihrem Inneren, auf einer abschüssigen Bahn zwischen Kopf und Herz. Wie sie so dasaß mit dem Kuli in der Hand und der Zahl vor sich und sie auf einmal Angst hatte, den Karl nicht mehr kennen zu können, da hatte sie plötzlich gemeint, jetzt rutscht ihr die Seele weg. Wie auf einer Wasserrutsche würde sie unaufhaltsam in einen Strudel hinabgeschleudert werden und sich auflösen. Da war sie von ihrer Bank hochgefahren, hatte im Laufen einen Becher aus dem Ablaufgitter gegriffen und war aus dem Haus gestürzt, sich zu erhalten, egal wie.

\* \* \*

Als sie die – umständehalber mit getrocknetem Estragon gewürzten – Bohnen auf den Tisch stellte, legte Franzi einmal kurz die Hand auf Johannas Schulter. Man war ja nicht befreundet, auch wenn man seit fünfundvierzig

Jahren in einer Straße lebte. Diese Straße allerdings war eine Straße auf dem Land, und das Land war weit. Wenn man einander sah und zuwinkte, waren meist zwei bis drei Zäune dazwischen, ein Fahrrad oder eine volle Einkaufstasche oder ein Auto. Man war nicht daran gewöhnt, einander näher als nötig zu kommen, ganz im Allgemeinen nicht. Und im Besonderen war die Franzi nicht die Frau, die bei der erstbesten Gelegenheit gefühlig wurde. So machte sie auch jetzt einfach weiter, schmeckte ab, teilte auf, holte Besteck aus der Schublade und wunderte sich, dass doch zwei gut gefüllte Teller dabei rauskamen. Sie spürte einen Anflug von Scham – als würde sie heimlich für jemanden mitkochen, als hätte sie nur darauf gewartet, dass jemand klingelte. Hatte sie aber nicht. Sie hatte nicht gewartet. Sie hatte gekocht. Die Rezepte ihres grünen Ringbuches, auf dem noch ihr Mädchenname stand, fingen in kleinster Größe an mit: für zwei Personen. Für eine allein war dort nicht vorgesehen, gab's nicht, auch wenn es gang und gäbe war, dass eine für sich allein kochte oder eine allein für sich kochte, wie man es nahm – in beiden Fällen sachlich richtig und grundfalsch zugleich.

Weil es sachlich richtig war, gab es dieses Füreineallein-Geschirr, das die schenkten, die den Tisch bevölkert hatten, bevor es der Füreineallein-Tisch geworden war. »Ist die schön«, sollte man beim Auswickeln sagen, »auf eine Einer-Kanne hab ich mich ewig schon g'freut.« Und die Kinder freuten sich, dass sie endlich wieder etwas zum Schenken gefunden hatten: einen Einer-Topf, eine Einer-Kelle, einen Einer-Bräter, eine Einer-Salatschüssel – das konnte endlos so weitergehen, immer noch würde man irgendetwas Einerartiges finden, in dieser putzigen Endlos-Serie, wie früher Sammeltassen oder Städtelöffel. Zum Geburtstag, zu Ostern, zu Weihnachten. Dass jedes Stück Einer-Geschirr ein Ausrufezeichen hinter die Essenseinsamkeit setzte, die man keinem und keiner wünschen sollte, weder zum Geburtstag, noch zu Ostern oder Weihnachten, darauf kamen sie nicht. Vielleicht würden es ihnen wie Schuppen von den Augen fallen, wenn sie eines Tages im Keller das unbenutzte Einer-Geschirr fanden. In Originalkartons, im Füreineallein-Geschirr-Regal, das die Franzi in der Waschküche eingerichtet hatte.

Inzwischen hatte Johanna sich beruhigt und begann zu essen. Erst zaghaft, wie ein uraltes Küken, dann so, dass man meinen konnte, es schmecke ihr. »Das is fei guat«, sagte sie, »ich mach's ja immer mit Bärenfenchel.«

»Wo hat's denn den außer auf der Lichtung in Reisachers Wald? Den hat doch der Nachtfrost letzte Woche zusammengestellt«, meinte Franzi.

»Nein, nicht dort«, antwortete Johanna. In ihren Augen blitzte es auf. Alles, was ihr lieb war, war ihr abhandengekommen, die kleinen Standortgeheimnisse nicht. Aber Standortgeheimnisse zu teilen, war nicht vorgesehen in der ÜberdenGartenzaungrüßen- und ÜberdenwiaschtenOstwindreden und Hastschoghörtwasdrobnpassiertist-Nachbarschaft. Mehl, unter Umständen, in Gottes Namen: Ja. Gerad noch. Aber das Geheimnis, wo der Bärenfenchel ab Mitte Mai seine weißrosa Blüten zeigte, und dann nebenan noch die wilde Almkamille zu finden war – das nicht. Unter normalen Nachbarn, unter normalen Umständen gehörte sich das nicht. Es gab Grenzen, und Zäune. Die einen so eng wie die anderen weit gesteckt – seit man vor einem halben Jahrtausend die Höfe einander entrückt hatte, abgebaut und mit gehörigem Abstand wieder neu aufgebaut. Wer nicht einzäunte, bekam Ärger.

Heute hatte die Johanna zwei Zäune passiert und mehrfach Grenzen überschritten: in der Mittagsstunde angeklopft, nach Mehl gefragt, geweint an einem fremden Küchentisch. Dass der Bärenfenchel neben der wilden Almkamille wuchs, war ihre Gastgabe. Dieses gut gehütete Wissen hatte sie jetzt der Franzi, die ihr statt an der Haustür den Becher mit Mehl zu füllen, eine Mutschelmehlsuppe mit Schnittlauch und danach noch Bohnen mit Pellkartoffeln vorgesetzt hatte, zum Geschenk gemacht. Wo man doch eigentlich nichts schenkte, sich allenfalls am Präsentkorb zu runden Geburtstagen beteiligte: Konserven, die, wie jeder wusste, samt Zellophan und Schlaufe in den Keller wanderten und dort verstaubten. Trüffelpastete, wann sollte man so etwas essen? Stopfleber, das überfette Ergebnis einer Tierquälerei, und Sanddornelixier, wo man doch mit den Kräutertropfen der Maria Treben bislang ganz gut durchs Leben gekommen war. Nein, nichts dergleichen. Ein richtiges, ein echtes Geschenk hatte sie der Franzi gemacht: Sie hatte ihr den Platz verraten, wo Bärenfenchel wuchs – außer in Reisachers Wald.

Mit diesem Geschenk wurde nicht bloß eine Bewirtung abgegolten; es öffnete sich eine Pforte. Nein, sie öffnete sich nicht, sie war aufgestoßen worden. Wie eine ewig nicht geöffnete Tür, die klemmte, an der man zog und ruckelte, und die dann, kurz bevor man aufgeben wollte, auf einmal doch aufsprang und einen frischen Luftzug hereinließ, der einem fast den Atem nahm. So berauschend und beglückend, dass man diese Tür nie wieder zumachen mochte. Wilde Minze überbot die Edelraute. Wilder Majoran den Ehrenpreis: Warum sollte jetzt noch etwas zurückgehalten werden? Man kam sowieso kaum mehr dorthin, und es gab ja genug (und hatte eigentlich immer schon genug gegeben). Außerdem war niemand sonst mehr an diesem Erbe interessiert.

Sie erzählten einander von Kräuterinseln, die am Wegrand lagen und doch verborgen waren, die auf Anhöhen zu finden waren oder in Senken. Und als wäre es nicht genug, diese Orte zu verraten, beschrieben sie einander genau, wie man dort hinkam. Franzi holte einen alten Schuhkarton mit Wanderkarten aus dem Schrank, und ihre Zeigefinger folgten der Erinnerung auf Wegen, die man so oft gegangen oder geradelt war, zu viert oder fünft, dann zu dritt und lange noch zu zweit. Wie man auf dem Rückweg am Rosenhof eine Pause eingelegt hatte, um die legendären Windbeutel zu bestellen. Als der Rosenhof zugemacht hatte, war immerhin noch der Bäcker neben der Kirche zwei Dörfer weiter geblieben. Dieser Bienenstich! Die Sahne frisch vom Werkverkauf der Molkerei, die Mandeln direkt aus Valencia. Aber nachdem die Bäckerin gestorben war, unter nie ganz geklärten Umständen einer Gasvergiftung, hatte die Sahne nach Silo geschmeckt und die Mandeln nach schlecht gelagertem Massenimport. Da waren sich Franzi und Johanna sehr einig.

Ein ganzer Landstrich wurde kreuz und quer erinnert und rauf und runter erzählt, zwischen Tellern und Töpfen, mit all ihren Dörfern, die auf -wang und auf -trach enden und mit Unter- und Ober- anfangen. Nebenbei kam man darauf, wie einmal das Wassertretbecken nicht befüllt gewesen war und eine Handvoll Touristen sich im Storchenschritt über die trockenen Kacheln bewegt hatten und, weißt noch?, wie das Unwetter im Juni 1984 von jetzt auf gleich in die Segelflugschau hineinplatzte, und der Stadelmeier Sepp nur mit knapper Not gelandet und aus der Maschine gesprungen war, sich durch die unter dem Dach dicht gedrängten Menschen seinen Weg zur Moni gebahnt hatte, die leichenblass einen Sonnenschirmhalter umklammert hielt und mit fester Stimme, so dass es alle hören konnten, sagte: »Wennst mi it heiret'st, steig i glei wieder auf.« Und statt eines gehauchten Ja ein recht schrilles »Bleib do!« zur Antwort erhalten hatte.

Alle diese Wege, zigtausendfach und nun schon so lange nicht mehr gegangen, wurden Schritt für Schritt erinnert: die Haselhecke am Fluss, die Maisfelder am Radweg und die Kiesgrube hinterm Wald. Ob dort das Indische Springkraut noch immer wucherte wie ein gigantischer tiefrosa Teppich?

»Gelee mach ich draus«, sagte Johanna.

»Nein!«

»Natürlich ... schon seit Jahren.«

»Ist's nicht giftig?«

»Blätter und Stängel darfst nicht nehmen, nur die Blüten.«

»Und was tust mit hinein?«

»Nelken halt, Zitrone und Vanille.«

»Bist sicher, dass es mit Zimt nicht noch besser ist, oder mit Melisse?«

»Probier's halt mal aus.«

Sie fühlten sich sehr danach, aufzustehen und loszulaufen, um Blüten zu pflücken und den Gelierzucker aus dem Keller zu holen. Konnten gar nicht anders als aufzulachen, den Stuhl vom Tisch abzurücken und die Beine übereinanderzuschlagen – als hätte es noch viel Zeit, weiterzuerzählen. Dabei war die Mittagssonne schon hinter den Kompost gewandert, an den Buschbohnen vorbei. Der Abwasch stand neben der Spüle und begann einzutrocknen. Fliegen surrten um die Reste im Topf. Alles nicht wie sonst. Hätte die Johanna nicht geklingelt, wäre das Zeug seit mehr als einer Stunde in der Geschirrspülmaschine. ›Lohnt die sich eigentlich noch?‹, hatte Franzis Ältester neulich gefragt. Da hatte sie ihn aber angefahren, ob er denn glaube, dass sie jetzt am Spülbecken ihr Einer-Geschirr abwaschen tät, oder ob sie auch im Alter Anspruch auf eine Maschine hätt.

Jedenfalls war ein nicht getaner Abwasch um diese späte Mittagsstunde ein Ausnahmezustand. Längst lag die Franzi um diese Zeit sonst im Gartenhäuschen. Selbst als noch alle Kinder im Haus gewesen waren, hatte sie es sich nicht nehmen lassen, dieses Stündchen mit einem Kaffee auf der alten Liege, wo sie ihrem Kopf freien Lauf lassen konnte. Nachdenken war ihr Nachtisch.

Seit der Anton nicht mehr da war, gab es einen Punkt, wo das Nachdenken begann wehzutun. Als hätte mit einem Mal jeder Gedanke ein kleines Bleigewicht, das von innen her an den Haarwurzeln zog, dann schwer durch die Kehle glitt, um sich im Magen zu verklumpen. In solchen Momenten nahm sie das Gemeindeblättchen zur Hand, in dem sie die Markttage ankreuzen konnte und die Kurkonzerte, wobei sie die Markttage auswendig kannte und sie allein nicht zu Kurkonzerten ging. Aber sie könnte. Und dann ging sie schnell dazu über, zu beschließen, was als Nächstes kommen sollte: bügeln oder Pflaumenmarmelade kochen, Rasen mähen oder Zum-Einkaufen fahren – und schon war sie dabei, sich einen Einkaufszettel zu machen, obwohl sie alles ganz gut im Kopf hatte, nur um dieses »Wozu noch?« nicht zu denken oder dieses »Geht auch ohne«. Wenn sich erst einmal das »geht auch ohne« eingenistet hatte, dann war man auf den Hund gekommen. Weil es ansteckend war: Erst war es ein ohne dies und das, dann war es, schneller als man gucken konnte, ein »ohne alles«, und ohne alles konnte man nicht leben. Das war gefährlich. Lieber etwas zu viel als etwas zu wenig. Nur nicht aufhören, die Lieblingsschokolade der Enkel zu kaufen. Vielleicht kamen sie mal vorbei, und wenn dann die Milka Noisette, dreimal, damit es keinen Streit gab, gell?, nicht da war, war das schockierend für die Enkel. Dann hatte die Oma abgeschlossen. Auch mit ihnen. Das war nicht gut für junge Menschen.

In der Kaffeemaschine war ein Rest, der ließ sich mit einem Klick auf den Schalter warm machen. Sollte sie die Johanna fragen, ob sie einen Schluck aufgewärmten Kaffee mochte, überlegte Franzi. Aber dann würde aus dieser Notspeisung geradezu eine Essenseinladung, und das wäre weder ihr noch der Johanna geheuer. Da klingelte es zum zweiten Mal an diesem Tag.

Johanna verschluckte sich vor Schreck und musste husten. Franzi lachte kurz auf. Was war denn das für ein närrischer Tag? Streng genommen, näherte sich die Mittagsstunde dem frühen Nachmittag, aber normale Klingelstunde war es noch lange nicht. Nicht für Leute, die anzuläuten wussten, wie die Johanniter zum Beispiel, die immer am späten Nachmittag kamen, zur besten Spendensammlerstunde. Die konnten es nicht sein.

»Jetzt sind's gewiss die Apfelleut vom Bodensee, weißt, die mit den neuen Sorten«, sagte Franzi, sicher, dass Johanna, mit der sie gerade im Geiste kräutersammelnd durchs Allgäu gewandert war, über die Verwischung von Äpfel und Birnen das Gleiche dachte wie sie selbst: zu viel Zucht, zu wenig Ordnung. Sie ging zur Tür und öffnete sie. Draußen stand Elsbeth Almendinger und lächelte Franzi an, die bis zur Wortlosigkeit erstaunt darüber war, auch diesmal nicht den Apfelbauer vom Bodensee vor sich zu sehen, sondern eine weitere Nachbarin. Unerwartet, ungelegen.

»Wollt nur rasch mein Paket abholen, bist schon fertig, gell?«, meinte die Elsbeth und schaute durch den offenen Windfang direkt in die Küche, wo sie einen leergeräumten Tisch oder allenfalls einen kleinen Geschirrstapel zu sehen erwartete, aber so klein war der Geschirrstapel gar nicht, den sie da jetzt sah, und dann sah sie dort inmitten des Geschirrs auch noch die Johanna sitzen. Eigentlich schaute man ja nicht von der Haustür aus in fremde Küchen. Der Windfang fing Wind ab und Blicke. Wenn er zu war. Dieser hier war offen. Und eigentlich saßen in der Küche auch nicht die Leute von nebenan oder gegenüber. In der Küche saßen die Leute der Familien, allenfalls; wenn noch welche da waren.

Und wie die Elsbeth so dastand und sah, dass da kein zweites Paar Schuhe im Flur stand und trotzdem jemand, der da nicht hingehörte, am Küchentisch saß zur Mittagszeit; und zwar mit Küchenschürze – mit Küchenschürze in einer fremden Küche zur Mittagszeit –, da wusste sie, dass etwas Ungeheuerliches im Gange war.

Eine Sekunde zu lange blieb sie an der Tür stehen, als sie das Paket schon in der Hand hatte, so dass beide, sowohl Franzi als auch Elsbeth, spürten, dass die Frage, was hier vor sich ging, im Raum stand, im Zwischenraum besser gesagt, während sie sich vollkommen darüber im Klaren waren, dass diese Frage nicht gestellt werden würde. Schon gar nicht von der Elsbeth, die so froh gewesen war, dass man sie niemals etwas gefragt hatte, damals, als ihr Mann über alle Berge war, an der Hand einer zwanzig Jahre jüngeren Sizilianerin, die sein Kind im Bauch hatte, während sie selbst jetzt Berge vor sich hatte und im Bauch eine Wut – die auch wuchs. Wie froh war sie da gewesen, dass sie wenigstens nicht gefragt wurde. Natürlich wurde getratscht: »Der ihr Mann hat sich davongeschlichen, mit einer, wo er der Vatta hätt sein könne« – und »Noi, die Elsbeth is ja au nimmer die Jüngste: jetzt sieht's gar so grau aus« und »I hab ihn ja no nia mögen, den Toni«. Alles wahr und doppelt schmerzhaft, da ihr Toni, bevor er der der anderen wurde, ja einmal ganz der ihre und sie ganz die seine gewesen war, sie »ihr« Lied (»Come on Eileen«) gehabt hatten und »ihren« kleinen Strand am Fluss, wo niemand anders je hinkam (am Knick kurz vor dem Wehr), sie zum Arbeiten im Garten seine Hemden anzog und er ihren Schal mit auf die Arbeit genommen hatte, damit sie einander riechen konnten, auch wenn sie gerade nicht beieinander waren. Und wie damals seine Hemden, spürte sie jetzt die deftigen Sprüche über ihn auf ihrem eigenen Leib – wohingegen er einen Schal in Sizilien eher nicht brauchen konnte, schon gar nicht den ihren. Wo er sich doch unter einer italienischen Sonne auf jung trimmte, einen Bart stehen ließ und statt Haferlschuh vom V-Markt jetzt Turnschuh ohne Profil trug, dafür mit Markenzeichen und Jeans mit extra Löchern drin. Da hätte sie sich früher manche Stopfstunde sparen können. Den Kindern hatte sie gesagt, sie wolle die Fotos, die er ihnen aufs Handy schickte, mit der Einladung »Kommt doch mal vorbei« nicht mehr gezeigt bekommen. Und die Buben, die von ihm nur Fotos, aber keine reale Adresse in dieser Welt oder gar ein Reisegeld auf ihr Taschengeldkonto bekamen, sagten: »Wir haben ihn eh geblockt.«

Ja, er war so weg, wie man nur weg sein konnte, und ja, es wurde geredet, viel geredet, aber nein, sie wurde nicht gefragt, wenigstens wurde sie nicht gefragt, also konnte man so tun, als ginge alles weiter wie zuvor, nur einer weniger. Dumm, dass es gerade der war, der das Geld ins Haus gebracht hatte – und nun so tat, als hätte man die Unterhaltsforderung für die Kinder in Lira gestellt. Aber das ging niemanden etwas an, und mit dem Gemüse aus dem Garten und dem, was sie nach Feierabend aus dem Laden mitnehmen durfte, hatte sie die drei Kinder groß bekommen. Die nun auch über alle Berge waren. Sie immer noch hier, die Berge immer noch vor sich. Aber zu schaffen war nichts mehr: Die Kinder waren ausgeflogen und schafften selbst, und sie kam mit dem endlich abbezahlten Haus und ein paar Näharbeiten hier und dort ganz gut durch. So gut, dass sie sich ein paar Extras leisten konnte: zum Beispiel diese Aromalampe, die sie im Grunde nicht brauchte. Dufteten die Wiesen und Hecken vor ihrem Haus nicht genug? Aber eben nicht nach »Tausendundeiner Nacht«. Ein sinnliches Erlebnis hatte die Webpage versprochen. Warum sollte sie abends nicht mal ein sinnliches Erlebnis haben dürfen, hatte sie sich gedacht und auf den Bestellbutton gedrückt. Aber natürlich war gleich wieder etwas schiefgegangen, und der junge Postangestellte hatte das Paket bei der Franzi abgegeben.

Wusste er denn nicht, dass sich das nicht gehörte? Dass, wenn nicht gleich geöffnet wurde, man eben mal kurz um die Ecke schaute und in den Garten hineinrief. Wo sollte sie denn sonst sein? Und was ging es eine Nachbarin an, dass sie sich beim Aurikola-Wellness-Versandhandel etwas bestellt hatte, was »Vorsicht! Zerbrechlich!« war?

Sie hatte sich das Paket unter den Arm geklemmt, »Danke« gesagt und »Pfüat di« und war schon fast unten beim Briefkasten, als die Franzi zum zweiten Mal an diesem Tag ihren Doppelkopf bekam: Der eine Kopf sah die Elsbeth mit ihrem Wellnesshandel-Paket unterm Arm auf das Gartentor zugehen und fragte sich, was für eine Wohlfühlware die Elsbeth jetzt gleich auspacken würde, der andere dachte rückwärts und sah wie im Zeitraffer durch die Jahre, wie gut die Elsbeth das eigentlich geschafft hatte, wie sie das alles weggesteckt hatte, die deftigen Sprüche und die mitleidigen Blicke, und wie sie den Garten immer tipptopp in Ordnung gehalten hat, und überhaupt, wie sie ihr Päckchen zu tragen gewusst hatte, das ihr aufgeladen worden war von einem Mann, der größere Angst vorm Älterwerden hatte als vorm Lächerlichwerden, der es nicht geschafft hatte, wenn schon nicht ihr, dann wenigstens sich selbst treu zu bleiben, und dass das gar kein Päckchen gewesen war, sondern ein XXL-Paket, und mit dem Wort ›Paket‹ kamen die beiden Geschichten auf den Punkt wieder zusammen, aus zwei Köpfen wurde wieder einer, und der bedeutete ihr, ins kalte Wasser zu springen. Franzi schloss kurz die Augen, holte tief Luft und fragte: »Magst auch einen Kaffee?« Als hätte sie kannenweise frischgebrühten Kaffee in der Küche und nicht nur diesen Restkaffee, der eigentlich eine gerade richtige Nachmittagsportion für ihre gerade richtig große Tasse war, die neben der Gartenhausliege bereitstand.

Aber wenn sie die kleinen Tassen nähme, die mit den Schmetterlingen aus dem Wohnzimmerschrank, überlegte Franzi, kämen sicher drei heraus. Da würde ihr Morgenrestkaffee exakt so ausschauen wie dreimal gewollter Espresso.

»Ja mei«, antwortete Elsbeth in Franzis Überlegungen hinein, ihre Überraschung verbergend in einem nachgeschobenen »bevor du ihn wegschüttest«. Sie lief die Stufen wieder hoch, ließ ihre Schuhe im Windfang stehen, stellte das Paket ab und setzte sich neben die Johanna auf die Eckbank. »Griaß di«, sagte sie, so natürlich wie dies möglich war in dieser ganz und gar unnatürlichen Situation.

»Also, an Kuchen hab ich jetzt frei it«, meinte die Franzi – und in anderen Ohren als denen ihrer Nachbarinnen hätte das geklungen nach: »Jetzt trinkt ihr mir den letzten Schluck Kaffee aus, glaubt's ja nicht, dass es noch etwas Süßes dazu gibt.«

Aber es waren ja Nachbarinnen, sie sprachen Franzis Sprache, sie verstanden, wie es gemeint war. Natürlich hatte Franzi Kuchen und Torten – eingefroren. Vorhanden, aber nicht zuhanden. Das war die korrekte Übersetzung und die tiefe Bedeutung von »jetzt frei it«. Zudem sahen sie ja auch, was die Franzi gerade tat: In ein Glasschälchen hinein zerteilte sie eine Schokolade und schob es in die Mitte des Tisches, der mit Bedacht nicht vollständig abgeräumt war. Ganz abgeräumt drängte auf ein schnelles Ende, gar nicht abgeräumt ließ Gastlichkeit ebenfalls vermissen. So hielt man es an den Festtafeln seit eh und je. Aber war das hier ein Fest?

Während die Nachbarinnen Franzis Schmetterlingstassen mit dem aufgewärmten Filterkaffee zur Hand nahmen, erzählten sie einander, was in ihren Frostfächern auf Besuch wartete – einen, der sich anmeldete und Auftauphasen respektierte: Apfelkuchen und Pflaumenkuchen hatte jede. Das war Standard. Die Obsternten der letzten Jahre waren sensationell gewesen. Ausgerechnet jetzt. Ausgerechnet jetzt, da alle aus dem Haus waren, trugen die Obstbäume wie nie zuvor. Füreineallein. Und natürlich gab es in den Truhen eine Mokkatorte, eine Linzertorte, eine Mohnpfirsichtorte, einen Tiroler Nusskuchen und einen Marzipanstrudel – Schätze, die auf goldene Stunden warteten, im Kreise von Leuten, wie es sie einmal gegeben hatte, die nicht Kalorien zählten, sondern sich auf genau diese Lieblingstorte aller Lieblingstorten stürzten, die keiner auf der Welt so machen konnte wie ihre Mutter. Erst wurden Stücke gegessen, dann Stückchen, dann wurde über Stunden hinweg genascht, bis von der Schwarzwälder Kirschtorte nur noch die Cocktailkirschen übriggeblieben waren, die eh nie ganz ernst gemeint gewesen waren.

So war das in jenen Jahren – gewesen. Die aus dem Nest Geflogenen waren wiedergekommen, mit Kindern und Freunden von Kindern, mit Hunden, Katzen und Hasen. Hatten sich ausgebreitet und nicht dauernd auf die Uhr geschaut, weil sie wieder wegmussten oder weil sie nicht wussten, was sie noch erzählen sollten. Jetzt kamen sie nicht mehr in Familie zu Besuch, sondern solo auf Durchreise, und statt die Kühltruhen zu plündern, wurden Papptabletts mit rosaweißem Bäckerkettenpapier die Eingangsstufen hochbalanciert. Noch während sie den Kuchen aus dem Papier wickelten – pappig und überzuckert auch dieser –, wurde über die Kilos lamentiert, die sich an Bäuchen und Hüften anlagerten, natürlich nicht vom Einmalrichtigschlemmen, sondern als Folge von allweil weißrosa Kettenbäckereipappe und Mangel an Bewegung. Denn Zeit für einen Spaziergang zum Hirschgehege oder wenigstens zur Bank mit Blick hatten sie nicht mitgebracht. Entriegelten schon von der Terrasse aus die Autotür, damit die zwanzig Schritte vom Liegestuhl zum beheizbaren Sitz ihres geleasten Mittelklassewagens übersichtlich blieben. In jeder Familie die gleiche Verfallsgeschichte.

»Unsere Torten werden uns überleben«, sagte Elsbeth.

Von irgendwoher tauchte der Gedanke auf, dass man nur noch zwei, drei von ihrer Sorte auf der Eckbank bräuchte, und schon würde es sich lohnen, eine echte Torte aufzutauen. Ob vielleicht noch wer klingelte … Was würde das geben? Eine Hühnerstange alter Frauen vor einer aufgetauten Festtagstorte: einer Prinzregenten oder einer Schwarzwälder Kirsch, oder der Himmlischen mit Johannisbeeren oder gar der Agnes-Bernauer mit ihren fünf Böden Buttercreme und einem Teig aus sieben Eiweißen. Am besten noch mitten in der Woche. Weißt? Einfach so. Ein Kichern fing irgendwo an und lief hin und her, erneuerte sich und fand kein Ende – wie auf dem Hof der Berufsschule vor sechs Jahrzehnten.

\* \* \*

Nach Kaffee und Schokolade gab es keinen Grund mehr zu bleiben. Ein drittes Klingeln war nicht zu vernehmen gewesen. Johanna und Elsbeth erhoben sich von der Eckbank, gingen vor der Franzi her durch den schmalen

Flur und den Windfang, schubsend und immer noch giggelnd. Und wie die Franzi da so an der Haustür stand und sie den Nachbarinnen nachsah, passierte es wieder.

Sie sah, wie Johanna und Elsbeth sich der Gartentür näherten, und gleichzeitig sah sie, wie Johanna jetzt schon bei sich daheim aufschloss, immer noch ohne Mehl (das sie gar nicht brauchte), und was sie dort machen würde: Nichts. Sie konnte ja nicht gleich wieder herübergelaufen kommen, um zwei Eier zu erbitten (die sie im Kühlschrank hatte) oder ein Tütchen Backpulver (sie hatte mindestens drei Päckchen), und wie also die Johanna daheim angekommen keinen Grund mehr hatte, aus dem Haus zu laufen, das zu groß war und zu leise. Sie wollte ihr etwas zurufen und wusste doch nicht, was, weil ihre zwei Köpfe noch nicht wieder zusammengefunden hatten, da aber drehte Johanna sich um. In ihrem blassen Gesicht hatten sich die Wangen gerötet. »Hab dir ja alles aufgefuttert«, rief sie, »magst morgen zu mir kommen? Ich hab noch Schnitzel in der Truhe.« Dann schaute sie die Elsbeth an: »Für di reicht's au no«, drehte sich rasch wieder Richtung Gartentor, wie um sich ja keine abschlägige Antwort einzuhandeln, und hopste weiter mit ihren halb angezogenen Hausschuhen schnurstracks die Straße hinunter zu ihrem Haus, als wollte sie die Schnitzel direkt aus dem Gefrierschrank holen und die Panierstraße aufbauen.

Franzi blieb an der Tür stehen und sah den inneren Zusammenhang ihres Speiseplans aus den Fugen geraten. Für morgen hatte sie fest Forelle blau eingeplant. Mit Kartoffelsalat und Dill-Senf-Soße. Das Rezept aus dem Reformhauskalender vom Mai letzten Jahres; endlich hatte sie es einmal ausprobieren wollen. Was nun? Ein nach Aufwand, Zweitverwertung und Nährstoffgehalt wohldurchdachter Essensplan geriet ins Wanken: von Milchreis am Samstag über Gulasch am Sonntag, durch die Woche mit Gemüsereis, Mangoldbratlingen und eben Forelle blau und irgendeiner Milchspeise am Samstag, wahrscheinlich Grießflammeri mit Himbeeren (das hätte sie heute auf der Liege im Gartenhaus endgültig beschließen wollen). Die Schnitzel rasten in Konkurrenz zur Forelle durch Franzis Hirn, bis sich die Forelle auf einem Teller am übernächsten Mittwoch niederließ. Mit Kartoffelsalat und Dill-Senf-Soße – wie gehabt. Die geschmorte Paprika einstweilen verschoben.

»Passt schon«, sagte Franzi, obwohl Johanna sie gar nicht mehr hören konnte. Aber die Elsbeth hörte es, nickte dazu und zog lächelnd mit ihrem Paket davon. Sie war im Bilde darüber, dass Franzi eisern an ausgewogener Ernährung festhielt, wenngleich auf immer kleineren Zahnrädern. Aber wann hatte sie selbst das letzte Mal Schnitzel gegessen? Lohnte sich ja nicht, für eine allein. Sie freute sich auf morgen Mittag und würde Preiselbeeren mitbringen. Viel zu viele Gläser hatte sie davon im Keller.

Während Franzi zurück ins Haus ging und im Augenwinkel die Elsbeth auf der Straße fröhlich winkend nach links abbiegen sah, überlegte sie, was hier eigentlich stattgefunden hatte und warum sie heute, ausgerechnet heute, zum ersten Mal seit ihrer Schulzeit wieder ihren Doppelkopf gespürt hatte. Damals hatte der Hauptschullehrer, als sie immer schon fertig gewesen war mit den Rechenaufgaben, während die anderen noch über den Zahlen brüteten, manchmal gesagt: »Mei, die Franzi denkt halt so schnell, wie wenn sie zwei Köpf hätt.« Diese Worte hatten tatsächlich genau ihr Gefühl beschrieben, wenn sie rechnete: Der eine Kopf behielt etwas im Gedächtnis, auf Vorrat sozusagen, der andere dachte nach vorn, ins Ungewisse hinein, das rapide gewiss wurde, und gemeinsam kamen diese Köpfe offenbar deutlich schneller ans Ziel als ein einzelner. Aber am Ziel war es dann doch immer wieder nur einer. Für sie war das normal gewesen – wie sollte es denn sonst gehen? Aber so normal schien es dann doch nicht gewesen zu sein, denn beim Händeschütteln nach der Abgangsfeier hatte der Lehrer zu ihren Eltern gesagt: »Die Franzi, die hätt auf eine ganz andere Art von Schule gehen müssen.« Unter einer ganz anderen Art von Schule hatte sich die Franzi damals nichts vorstellen können, ihre Eltern schon gleich gar nicht, und der Lehrer, der vielleicht schon zu oft gegen Wände des Sichnichtvorstellenkönnens geredet hatte, schwieg sich darüber aus, was genau an einer ganz anderen Schule ganz anders gewesen wäre. Sodass sich die Franzi gar nicht ernsthaft hatte fragen können, ob sie das auch gewollt hätte: eine ganz andere Art von Schule. Eine gute Handvoll Kinder hatte sie gewollt und einen eigenen Haushalt: einen, den sie nicht nach anderer Leute Kopf führen musste, sondern ganz nach ihrem eigenen beziehungsweise ihren eigenen. Für das, was dann kam, hatte sie tatsächlich nur einen Kopf gebraucht, wenn auch zuweilen zwei Herzen. Oder drei. Und heute, ausgerechnet heute, wo die Rechnung mit zwei Unbekannten mehr als sechs Jahrzehnte zurücklag, war ihr Doppelkopf zurückgekommen – und zwar dieses Mal nicht mit zwei Unbekannten, sondern mit zwei Bekannten, der Johanna und der Elsbeth.

Franzi räumte das Geschirr zusammen. Ein Lächeln huschte über ihr Gesicht, als sie die Wanderkarten wieder verstaut hatte und sich fragte, wie und womit die Johanna ihre Schnitzel eigentlich panieren würde. Ganz ohne Mehl … angeblich … Der Emaillebecher jedenfalls stand unverrichteter Dinge auf dem Tisch. Den konnte sie morgen unmöglich mit zur Johanna nehmen, die würde sich ja in Grund und Boden schämen. Nein, dieser Becher, der würde jetzt bei ihr wohnen, beschloss die Franzi – außer, die Johanna fragte danach. Eigentlich war er ganz hübsch, nachtblau mit grünem Muster, nur etwas abgestoßen am Rand und einer kleinen Roststelle am Henkel. Franzi füllte ihn halbvoll mit Wasser, tat einen Bund Petersilie hinein und stellte ihn vorsichtig, dass es keine Wasserränder geben würde, auf der Fensterbank ab.

# aynödine

*mai 1550*

weit aufgetan hat er den fensterladen. im letzten licht will er sehen, was er nie wieder sehen wird: zwei risse im dachbalken der schmiede – ein schrecklich schreiender mund ist das. das schmale stück weg mit den wurzeln, wie es sich um den torbogen vom hof gegenüber krümmt, als läg dem nachbarn eine natter vorm haus. die ecke vom schild am dorfkrug: das barett eines mönchs, zwei schwarze augen darunter – obwohl er weiß, es ist ein ross im sprung, von ihm aus ist es ein barett mit zwei schwarzen augen. die ihn ansehen, wie er sie ansieht. morgen wird es sie nicht mehr geben. weder mund noch natter noch barett mit augen. weil nur er sie so sehen kann, von diesem fenster aus, in diesem haus. morgen wird das haus nicht mehr sein, und wo kein haus mehr ist, kann ein fenster erst recht nicht sein. sein haus wird abgebrochen.

vor tag werden die nachbarn vor seiner tür stehen, mit hammer, stangen und eisen. zuerst wird das dach abgenommen, dann balken für balken. am abend wird sein haus ein stapel holz sein auf der flur. im wirtshaus wird er mit frau und kindern die nacht verbringen – gäste im eigenen dorf.

niemand wird zeigen, ob ihn der fidel endres dauert oder ob er dem fidel endres den ausbau neidet. das weiß der fidel selbst nicht, ob er sich fürchten oder ob er sich freuen *soll. das los hat entschieden. aynödine hat es gesagt – wohl eine halbe meile von hier wird sein haus wieder aufgebaut werden. So wird's geschehen mit den höfen vom franz pfändler, vom xaver geiger, vom jakob haibl, vom ulrich pfeiffer und vom josef kranz. ein jeder in andere richtung.*

*zwölf höfe bleiben im dorf. die schenke bleibt. die kirche. das backhaus. was soll auch ein dorf sein ohne schenke, ohne kirche, ohne backhaus?*

*aber werden die höfe noch zum dorf gehören, wenn sie nicht mehr im dorf stehen, sondern weit draußen? werden nicht die wege zu weit werden? wenn der schnee im winter so hoch liegt, wie er heuer gelegen hat? jedes jahr kommt er früher, bleibt er länger.*

*als der spruchmann kam, zu jubilate, weit nach ostern, war das wasser im weiher gefroren. er besah sich die felder im schnee, gerade, dass die messstäbe zur hälfte hinausschauten – die er versetzen ließ, wie's ihm wohl gefiel, hierhin und dorthin, bis er sagte: diese neun jauchert sind mir so lieb wie jene sechs. aber werden ihm, dem fidel, die neuen großen felder lieb sein? er ist an feldchen gewöhnt, in denen der pflug sich kaum wenden lässt. aus neununddreißig ihrer art hat er das brot herausackern müssen. das allerkleinste nicht größer als ein laken. als der spruchmann es sah, bebten ihm die schultern vor lachen.*

*wie hätt er wissen können, dass gerade dies das feldchen war, an dem dorfkinder zu maria aufnahme in den himmel standen und ihre kräuterbuschen sammelten, auf dass sie gesegnet werden würden. johanniskraut, eisenkraut, beifuß, wermut, schafgarbe, tausendgüldenkraut und kamille. die am dachbalken trockneten und im winter, wenn am allerwenigsten da war, am allerwenigsten* war nichts, zweiglein für zweiglein in den talg einer kerze getunkt wurden und ihnen den bauch füllten. unserer lieben frauen wurzelweihe hat sie nicht nur einmal gerettet. Auch das kleinste unter den feldern hat geholfen.

jetzt ist es dem hans gruber zugeschlagen. Er wird seinen ochsen darübertreiben, sobald der schnee geschmolzen ist. wenn er schmilzt.

sein vater hatte ihm erzählt von jenem jahr, in dem die wärme überhandnahm. von flüssen ohne wasser, von äckern, die zu sand wurden und verwehten. der fidel hatte ihm diese wärme nicht glauben können. gelacht hat er und gedacht, der vater hält ihn zum narren. die wärme hat er nicht glauben können und dass der vater nimmermehr wiederkommt aus dem aufstand, das hat er auch nicht glauben können.

wenn er doch an die wärme glauben könnte, hat sich der fidel gedacht, als er ein kind war, kommt auch der vater wieder. aber wie kann man an wärme glauben, wenn der frost die beulen an den füßen und fingern rot und blau werden lässt und der harte wind die zähne klappern macht. und wenn im dorf erzählt wird, dass johann endres aus linderhofen den mund in der marter nicht aufgetan hat, nicht in schwerer befragung und nicht auf dem weg dorthin, wo man ihn hängen sah.

mit den anderen bauern war er in die stadt gegangen, hatte ausgesprochen und schreiben lassen, dass kein mensch einem anderen zu eigen sein soll, sei er fürst, sei er pfaffe. nicht schutz noch schirm gäben die ihnen. nur zu scheren und zu schinden wüssten sie. arbeiten tät er wollen, und einen zins für die allmende geben und dem evangelium folgen, aber gehören, gehören tät er nur sich selbst. da gehörte er dem henker.

*als der vater nicht wiederkam ins dorf, kam der herr und nahm die kuh mit und das gute hemd vom vater. da hatten sie den vater nicht mehr, und die hälfte von dem, was sie hatten, als der vater noch da war, hatten sie auch nicht mehr.*

*stockdunkel ist es draußen geworden. ein windstoß fegt durchs zimmer und bringt die funzel zum flackern. seine frau dreht sich um und zieht die felldecke höher über sich und das jüngste kind.*

*»agnes«, flüstert er, »agnes.« vielleicht liegt sie wach. aber sie schläft.*

## II.

Als sie am nächsten Mittag bei der Johanna saßen, rund um den Küchentisch, war der von ›viel zu groß‹ schon wieder auf dem Weg zu ›fast zu klein‹. Es fehlte nicht viel, und man hätte ihn ausziehen müssen, weil sie dort nämlich nicht nur zu dritt saßen, sondern auch noch die Resi mit von der Partie war. Die hatte auf dem Rückweg von der Krankengymnastik ihr Fahrrad den Hügel hochgeschoben und im Vorbeigehen zur Johanna, die gerade Geschirrtücher zum Trocknen aufhängte, gerufen: »Geh Johanna, das duftet ja nach Sonntagsbraten bei dir mitten in der Woch!«

»Ja, da staunst! Willst auch zum Essen kommen?«, hatte Johanna geantwortet.

Da fiel der Resi, die dies für einen Scherz gehalten und lachend gemeint hatte: »Das wär was!«, mitten im Weiterschieben, vorbei an Veranda und Sonntagsbratenduft, auf, dass die Johanna schon lange nicht mehr so munter geklungen hatte, und wie um sich zu vergewissern, dass es tatsächlich Johanna gewesen war, mit der sie soeben ein paar Worte gewechselt hatte, drehte sie sich um und sah, dass auch die Johanna ihr nachsah. Als wüsste die, was sie ganz gewiss nicht wissen konnte, wie sehr sich nämlich die Resi Tag für Tag vor dem Anblick ihrer sinnlos gewordenen Küche fürchtete: fünfundzwanzig Quadratmeter Einbaukomfort und ein Tisch für Viele. Sollte die Resi dort residieren, an einer

Tafel ohne Familie wie Jesus beim Abendmahl ohne Jünger? Nein, sie schlich in diese Küche, wenn der Hunger sie trieb, machte sich eine Brotzeit, das Einzige, wozu sie sich bewegen konnte: ein Brettl, ein Messer, eine Tasse, fertig. Zwei Scheiben Brot, vier Scheiben Gelbwurst, eine Kanne Pfefferminztee. Das Ganze vorm Fernseher, dass sie sich nicht kauen hören musste in der Stille. Als neulich der Frost noch mal zurückgekommen war, sie rasch die Stufen vorm Haus hatte streuen wollen, aber den Tausalz-Kübel leer vorfand, hatte sie in der Küche nach dem Tafelsalz gegriffen und gesehen, was sie längst hätte sehen können, wenn sie auch nur einmal gekocht hätte, dass nämlich die Mehlmotten in ihren Gewürzschrank Einzug gehalten hatten. Und sie, die einstmalige Vorzeige-Hausfrau, konnte sich nicht aufraffen, die Packungen zu entsorgen, die Regale auszuwischen und die vorgebohrten Löcher im Inneren des Schrankes – Larvenhöhlen, aus denen sich die Motten herauswanden wie durch einen Geburtskanal aus Pressholz – auszuföhnen, wie es in einem solchen Fall angeraten war. Mit einem Rumms, dessen Echo sie noch immer im Haus zu hören meinte, hatte sie die Tür vom Gewürzschrank zugeschlagen. Nie wieder öffnen wollte sie die. Wozu brauchte sie noch Gewürze? Sollen die Mehlmotten sie niedermachen, hatte die Resi gedacht, aber seit jenem Tag hatte sich ein Kloß aus Ekel und Einsamkeit in ihrem Hals festgesetzt.

Nein, das konnte die Johanna nicht wissen. Niemand konnte das wissen. Und doch war der Blick von der Johanna so wissend, dass sie über die Schulter zurückfragte, was sie eigentlich zu fragen nicht für möglich gehalten hätte:

»Hast' das jetzt ernst gemeint?«
»Freilich.«
»Dann komm ich – um zwölf, passt das?«
»Kannst auch gleich reinkommen und mithelfen.«
Das hatte sich die Resi nicht zweimal sagen lassen. Auf der Stelle drehte sie ihr Fahrrad herum, denn außer den Mehlmotten wartete daheim ja keiner mehr.

Als sie bei der Johanna in der Küche saßen: Franzi, Elsbeth und Resi, bei Schnitzel und Kartoffelsalat, und zwar einen, wie man ihn selten bekam: auf den Punkt lauwarm, wie er sein musste, das konnte die Johanna im Schlaf, verspürten sie den unverhofften und im Grunde unausdenkbaren Wechsel von ›füreineallein‹ zu ›mitanderenzusammen‹ wie einen heftigen Umkehrschub, der weit mehr Energie freisetzte, als für vier Personen gebraucht wurde. Bei Licht besehen, gab es ja überhaupt keinen Grund, warum nicht die Vroni, allein seit zwölf Jahren, die Aloisia, allein seit sieben Jahren, und die Liesl, allein seit zwei Jahren, mit von der Partie sein sollten – falls sie sich noch mal treffen sollten … nur, wenn es noch einmal so ein gemeinsames Mittagessen geben würde … für den Fall, dass … Wie schnell das ›Falls‹ und das ›Wenn‹ mit hinuntergeschluckt war – schon hatte die Resi ein Tomaten-Ricotta-Risotto versprochen: »Kommt's halt morgen alle zu mir. Und der Bernadette sagen wir auch Bescheid.« Bernadette war ein Fall für sich. Aber eben auch ein Für-eine-allein-Fall. Seit Langem schon.

Die Nächsten waren sie einander nie gewesen, noch nicht einmal näher gekommen waren sie sich über die Jahre, aber als Nachbarinnen doch immerhin so nah, dass sie nicht nicht sehen konnten, wie geheiratet wurde, Kinder kamen, groß wurden und auszogen, wie Männer davon gejagt und zuweilen wieder aufgenommen, wie sie gepflegt und zu Grabe getragen wurden lassen, und wie die Einsamkeit sich ins Haus geschlichen hatte: eine letzte Mitbewohnerin, auf ungewisse Zeit.

Ein Leben lang hatten sie die Leben der anderen von außen gesehen, nie von innen. Und jetzt auf einmal vom Innersten des Inneren: der Küche. Denn aufgetischt wurde direkt aus Topf und Pfanne. Einfach so. Oder auch: so einfach.

Und trotzdem aufregend, wie damals, als man zum ersten Mal vom Dreimeterbrett im Freibad gesprungen war. Umdrehen und wieder hinunterklettern verbot sich. Der Magen kribbelte, ein Fuß zog ins Nichts, der andere hinterher, man tauchte ein, man tauchte auf. Nichts war passiert, aber alles hatte sich geändert. Gleich noch einmal. Und dann mochte man gar nicht damit aufhören. Weil man es konnte und weil man es wollte und weil es so unglaublich erfrischte. Sie wussten ja nicht, wie ihnen geschah, aber sie ließen es geschehen, denn nichts geschehen war lange genug.

Noch gaben die Gärten reichlich her, noch reichten die Vorräte, noch war es ein leichtes Spiel. Ein Spaß. Aber je länger diese spontane Speisegemeinschaft andauerte, desto höher wurde das Risiko, dass sie scheitern würde.

Wann würde die erste Gereiztheit auftauchen? Der erste schiefe Ton? Die ersten heimlichen Flüche? Zerraufte Haare, weil die Eier und Sahne auf der Quiche nicht stockten oder das Hühnchen im Ofen verbrannte und in einem solchen Aufruhr dann überhaupt alles zerrinnen und zerbröseln würde? An einer kleinen Streiterei oder an einem unbedachten Wort, an einer Pfanne verbrannter Röstkartoffeln, an der Scham über ein eingestaubtes Regalbrettchen oder ein Foto auf dem Sims, das niemanden etwas anging – oder einfach an zu vielen im Alleinsein gepflegten Gewohnheiten, die aneinanderstießen.

Am schwierigsten war es für Franzi. Sie hatte die stärksten Überzeugungen, was Ernte und Zubereitung, was Garverfahren und Kräutergaben anbelangte. Am leichtesten war es für Resi, die nach der endlosen Kette immer gleicher Brotzeiten die warmen Mahlzeiten einfach nur genoss; auch die, die sie jetzt wieder selbst zubereitete: Ihre Gewürzschränke hatte sie bis in die Tiefen geleert, entsorgt, neu gefüllt und den Nachbarinnen nicht nur ein herrliches Risotto, sondern, einige Tage später, auch eine ziemlich gelungene Lasagne serviert. Mit Thymian, Rosmarin, Basilikum – und etwas, das sie nicht verraten wollte. Man tippte auf Fenchelkraut. Oder vielleicht sogar Anis? – und steigerte sich in eine Möglichkeitsliste entlegenster Kräuter und Essenzen hinein. Essen und Erraten waren doch eine sehr treffliche Kombination. Es sorgte für Gesprächsstoff. Es spornte an.

»Wie die Säligen Fräulein sind wir«, meinte Franzi, als sie eines Mittags der Aloisia draufgekommen waren, dass sie ihre Kohlrouladen mit Muskatellersalbei verfeinert hatte, wie sie unter Protest, dies sei ihr letztes und wichtigstes Geheimrezept gewesen, zugegeben hatte.

Die Säligen Fräulein. Sie alle hatten im Schulunterricht die Sage von den weißen und weisen Frauen, an deren Geschichte man einfaches und scharfes ›s‹ zu unterscheiden gelernt hatte, gelesen, gehört, nacherzählt. Diese freundlich-flüchtigen Wesen, nicht von dieser Welt, aber aufs Liebenswürdigste mit ihr verbunden, wie sie in den Höhlen und steilen Schrofen oberhalb des Lechs kochten, sangen und tanzten und gerne einen Zwirn verschenkten, der nie ausging, solange man nicht ins Kästchen schaute, aus dem er hervorkam.

»Wie hieß sie noch – die, die als Magd beim Bauern gearbeitet hat –, die hatte doch einen gar so lieben Namen«, überlegte Johanna.

»Die Stuzze Maruzze, meinst?«, antwortete die Resi, als wäre sie gerade gestern und nicht vor vielen, vielen Jahren der Geschichte der Weißen Frauen in der Rubrik »Sagen unserer Heimat« eines Schullesebuchs begegnet.

»Genau, und die andere, ihre Freundin?«, hakte Johanna nach.

»Na, die Schalingge.«

Hätte irgendeine von ihnen, wären sie nicht an diesem Mittagesserinnen-Tisch gelandet, je erfahren, dass sich die Resi Namen besser als Gesichter merken konnte, ja, dass sie sich Namen nicht nicht merken konnte, Gesichter dagegen kaum? Dass die Resi, wortkarg und nüchtern und vor allem praktisch und zupackend, jetzt die Hexchen wie am Schnürchen hererzählen konnte? So dass es war, als würden nicht die Stuzze Maruzze und nicht die Schalingge, sondern die Resi höchstpersönlich sie hier und jetzt in eine Landschaft aus Wiesen, Wäldern und Bergen einspinnen: Heimat; wie es hieß. Einmal abgesehen davon, dass Franzis Eltern aus dem Berchtesgardener Land eingewandert waren, dass die Großeltern der Vroni aus Breslau stammten und die von der Aloisia aus Südtirol, dass Elsbeths Mutter aus dem Breisgau und ihr Vater vom Niederrhein kam; und die Liesl, man hatte es fast vergessen, knapp einjährig aus Berlin hier ins Dorf hineinevakuiert worden und aus Gründen, für die nie Worte gefunden wurden, auch dageblieben war. Genau genommen, waren nur die Resi und die Bernadette ganz eindeutig von hier; zwei von sieben – manchmal drei von acht, wenn die Elfriede dazustieß, die zwar nicht an sich allein war, aber für sich genommen schon, denn ihr Egon, allzu schwach, war nicht mehr daheim. Fünf Kinder aus dem Haus und kein einziges Tier mehr, wo Familie Sonthofer auf ihrem Hof doch nahezu einen Zoo gehabt hatte. Von der Fallhöhe her war die Elfriede wahrscheinlich am allermeisten allein.

Jedenfalls brauchten sie längere Tische und mehr Stühle denn je. Aber auch wenn es Spaß machte, Tische einmal wieder auszuziehen und Stühle zusammenzusammeln wie in alten Zeiten, war es doch mühsam, dieses Rücken und Bücken, das Kurbeln und Klappen und gleichzeitig den Herd-im-Blick-Haben. Eine Küche müsste es geben, in der sie mittags alle zusammen kochen und essen konnten, mit Geschirrspüler und ausreichend langer Arbeitsplatte – und etwa gleich weit für alle. Zu Fuß oder mit dem Fahrrad. Das wäre die Lösung. Konnte ein Wunschzettel irrealer sein?

Das Gespräch wandte sich anderen Dingen zu, realeren, dem Bürgermeisterkandidaten nämlich und seiner Frau, der Leni Möllthaler, die man sich viel lieber noch als Bürgermeisterin vorstellen wollte. Wie die ihre Kühe versorgte! Woher nahm sie bloß die Zeit, mit jeder von ihnen Zwiesprache zu halten, wo sie doch, der Himmel wusste, wie, es neben allem anderen auch noch schaffte, Honig in ihren Bienenstöcken draußen am Waldrand zu ernten, kalt zu schleudern und für fünf Euro pro Glas auf ein Tischchen zum Verkauf an die Straße zu stellen. Auf Vertrauensbasis. Wenn die Leni als Frau Bürgermeisterin die Gemeinde mal kalt durchschleudern tät und dann mit Milch und Honig versorgen würde! Mitten in die Lobpreisungen ihrer Wunschbürgermeisterin hinein sagte die Aloisia: »Das Rössle«.

Die anderen Frauen sahen sie an. Das Rössle. Das war die perfekte Antwort auf ihre Suche nach einer mittelgroßen mittelnahen Mittagsküche. So perfekt, als habe man die Frage konstruiert, um genau diese eine, die eine einzig mögliche Antwort zu erhalten. Hatten sie aber nicht. Sie hatten an das Rössle schon länger nicht mehr gedacht.

\* \* \*

Mitten im Dorf stand es, und doch war es ein weißer Fleck geworden. Etwas, das man nicht mehr auf der Liste hatte, jedenfalls nicht als ein Haus, in dem gekocht wurde oder gekocht werden könnte. Das Rössle war ein Ort von solcher Verlorenheit geworden, dass man es noch nicht einmal mehr in Gedanken finden konnte.

Geschlagene zwanzig Jahre lang hatte es leer gestanden. Der Putz bröckelte, die Ziegel fielen vom Dach, der morsche Gartenzaun brach in sich zusammen, die Fenster waren blind vor Abgasstaub, der Zigarettenapparat, aus D-Mark-Zeiten, von Rostfahnen überzogen.

Dereinst war die Frage aufgekommen, ob das Gelump nicht einfach abgerissen werden sollte. Weit und breit waren neue Inhaber nicht in Sicht gewesen. Die Leute hatten sich daran gewöhnt, ihr Bier im Sportheim zu trinken. Kommunion und runde Geburtstage wurden jetzt, wenn überhaupt, in den eigenen vier Wänden gefeiert. Taufen und silberne Hochzeiten auch. In den Eigenheimen auf dem Neubauacker hatte man Platz genug. Das Motto »Jeder bringt etwas mit« füllte die heimischen Anrichten mit Leckereien von herzhaft über bekömmlich bis exotisch, und der Getränkehandel lieferte direkt in Keller und Kühlschrank hinein. Warum sollte man stattdessen einen Saal im Rössle mieten und sich einem phantasielosen Speiseangebot und überlagerten Spätlesen ausliefern? Erinnerungen an den Muff zu selten gelüfteter Räume, an zu enge Anzüge, drückende Pumps, unliebsame Verwandte, an zu viel Schnaps und den Kater am nächsten Morgen hatten die Ära des Rössle unaufhaltsam zu Ende gehen lassen; nicht gering zu schätzen darin die Rolle des Eierstichs, der selbst einen Stich gehabt hatte: die legendäre Massenvergiftung durch Salmonellen im Dorf bei der Erstkommunion des kleinen Erwin, der inzwischen auch schon kurz vor der Rente stand. Alles erlebt und überlebt im Rössle, das jetzt wie ein schlottrig-schmutziges Gespenst dort stand, wo einmal ein Dorfplatz gewesen war, bevor die Ausfallstraße zur Autobahn gebaut worden war.

Abreißen war den zerstrittenen Erben dann doch zu teuer gewesen – eines von genau drei Dingen, auf die sie sich hatten einigen können. Das Zweite war, einige Dauerinserate zu schalten, und das Dritte, ein rotweißes Baustellenband vor den schwächelnden Zaun zu spannen und das Dach notdürftig zu reparieren, damit nicht auch noch der Schwamm einzog. Damit war ihr gemeinsames Handeln erschöpft gewesen.

Einmal, nach etwa gut zehn Jahren Leerstand, hatten von heute auf morgen Zettel in allen Fenstern des Rössle gehangen: »Hier eröffnet demnächst: ›Schnitzelfritz. All you can eat.‹ Die Zettel blieben dort hängen, mehr als ein halbes Jahr, ohne dass sich irgendetwas getan hätte. Ohne dass irgendjemand auch nur annähernd die Möglichkeit bekommen hätte auszuprobieren, was er alles essen beziehungsweise wie viel er von allem essen konnte. So lange dauerte es nämlich, bis die Schnitzelfritz-Chefetage in Colorado gemerkt hatte, dass sich in der Google-Maps-Anzeige des Immobilienportals das Lagekreuzchen etwas zu weit links unten befunden und statt der quirligen Studentenstadt, attraktiv für Touristen aus nah und fern, die auf ihrem Weg vom Alpenmuseum zum historischen Marktplatz mit an Sicherheit grenzender Wahrscheinlichkeit beim Schnitzelfritz einkehren würden, ein Dorf markiert hatte, in dem man eher auf Seniorenteller abonniert war und mit »All you can eat« ziemlich schnell an ein Ende gekommen wäre.

Eines Tages war dann ein BMW vorgefahren, ein junger, ein sehr junger Mann, gleichwohl im Dreiteiler und mit jener Art von Schuhen, die sehr laut aufs Pflaster schlugen, stieg aus, fuhrwerkte mit einem Schlüsselbund ganz fünfzehn Minuten an der Eingangstür herum, wie sich von der Friedhofsbank ausgezeichnet beobachten ließ, bevor er den richtigen Schlüssel fand, riss die Zettel von der Innenseite der Fenster, kam wieder heraus, vergaß abzusperren, wie ebenfalls wohl bemerkt wurde, stieg in sein Auto und fuhr mit reichlich überhöhter Geschwindigkeit am Friedhof vorbei zur Autobahn. So blieb alles beim Alten. Nur das Baustellenband wurde durch einen Maschendraht ersetzt. Was die Sache nicht ansprechender machte. Es änderte sich erst etwas, als sich überhaupt viel änderte im Land.

Im letzten Jahr war das Rössle eine Flüchtlingsunterkunft geworden und das Inserat bei ImmoScout (»interessant für Bastler«) von heut auf morgen verschwunden. Schneller als man gucken konnte, war ein Reinigungsfachbetrieb vorgefahren, der Brandschutz überprüft und ein lukrativer Vertrag mit der Gemeinde geschlossen worden. Seitdem saßen wieder Leute vor dem Haus, und ein paar Kinder spielten und riefen einander in fremden Sprachen.

Die Dorfbewohner auf dem Weg zur Kirche und zum Friedhof wussten nicht so recht, ob und wie sie dort über beziehungsweise durch den Zaun auf das Treiben hinschauen sollten oder durften oder wollten: freundlich-reserviert, neugierig-interessiert oder mufflig-ungeniert. Insgesamt sahen sie eher nicht hin als hin, und so blieb das Rössle, was es sowieso geworden war: ein Ort, den es eigentlich gar nicht mehr gab. Und aus diesem Nichts heraus wurde er auf einmal Gegenstand einer Bestandsaufnahme:

»Da wohnen ja jetzt die Leut drin, die Flüchtlinge.«
»Vorübergehend, heißt es.«
»Geflüchtete heißt es jetzt.«
»Wieviele sind es eigentlich?«
»Ein paar Familien, denk ich?«
»Kommen da noch mehr?«
»Man weiß so wenig«, sagte schließlich die Johanna.

Was man wusste, war, dass im Rössle auch jetzt nicht gekocht wurde. Man hatte schließlich gehört, wie es zugegangen war auf der Gemeindesitzung. Dass ›aus Sicherheitsgründen‹ die Küche gesperrt und verriegelt worden war. Und die ›Sicherheitsgründe‹ hatten natürlich Nachfragen, etwa die, was an einer robusten Gasthausküche eigentlich so dermaßen aus dem Lot geraten konnte, dass allein der Aufenthalt darin gefährlich war, und ob das nicht mit wenigen Mitteln zu beheben wäre, im Keim erstickt. Genauso waren auch langwierige Diskussionen um mögliche Selbstversorgung mit einem Streich ausgebremst worden: Lag nicht der nächste Supermarkt sieben Kilometer entfernt? Ohne Bus- und Bahnanschluss. Das sei den Geflüchteten wirklich nicht zuzumuten. Punkt. Dass dieses Argument ausgerechnet von denen starkgemacht wurde, die erstens bei anderen Gelegenheiten gerne mal die Geflüchteten selbst als Zumutung ansahen und zweitens fehlende Bus- und Bahnanschlüsse eher als quasi naturgegeben und somit in keiner Weise als Zumutung begriffen, war nicht gänzlich unbemerkt geblieben, aber andererseits ging es mit dem Rössle als Quartier und mit dem Gastroservice als Essenslieferanten um recht einträgliche Geschäfte, die so oder so auch der Gemeinde zugutekommen würden.

Damals jedenfalls war es nach kurzem Hin und Her gekommen, wie es hatte kommen müssen: Eine Mini-Ausschreibung, ein ebenso durchsichtiges wie absehbares Verfahren, und schon war Tag für Tag ein Transporter mit dem gesichts- und geschmacklosen Schriftzug ›Gastroservice Hans Martin Müller‹ auf den Parkplatz des Rössle eingebogen. Spätestens damit war dann tatsächlich das Rössle als Wirtshaus aus den Köpfen der Dorfbewohner verschwunden.

Bis jetzt. Bis die Aloisia mitten in die Bürgermeisterinnen-Diskussion hinein »das Rössle« gesagt hatte.

Aber eine stillgelegte Küche in einem bewohnten Haus herrichten? Essensdüfte würden aufsteigen, und was für

Essensdüfte! Während in die obere Etage hinein weiterhin Containeressen geliefert wurde? Unmöglich. Die Geflüchteten umsiedeln aus dem Rössle, in ein anderes leerstehendes Gebäude? Was für eine Meldung wäre das: »Geflüchtete aus dem Rössle vertrieben«. Von einer Handvoll Geisterfräulein, die dort ihr Hexenplätzle einzurichten gedachten. Absurd.

Und doch kamen sie immer wieder auf genau diese Küche zurück. Die wäre halt ideal. Und überhaupt müssten die Geflüchteten ja gar nicht auszuziehen. Man würde sich doch arrangieren können. Irgendwie. Wäre es am Ende nicht für alle von Vorteil, wenn das ganze Rössle wieder genutzt werden würde? Mit allem Drum und Dran – und die Menschen nicht über einem verriegelten Leerstand leben müssten? Geradezu unheimlich war das doch. Vielleicht sollte man einen Vorstoß wagen, überlegten sie.

»Dann kochen wir eben für die mit«, meinte die Aloisia und erntete Schweigen – weil ihr Tonfall nicht verriet, ob sie das nur hingesagt oder ob es ernst gemeint war oder ob sie am Ende einen mehr oder minder passablen Witz hatte machen wollen. Aber einerlei, für wen und für wie viele man am Ende kochen würde, es müsste angefragt, die Gasthausküche müsste wiederhergestellt und ordnungsgemäß abgenommen werden, wahrscheinlich mit TÜV und Gesundheitsamt. Würden sie das Ende eines solchen Verfahrens überhaupt noch erleben? Und wer in aller Welt war unter den neuen Gegebenheiten eigentlich zuständig fürs Rössle? Besser gesagt, für dessen stillgelegte Küche? Eine Frage, die ihnen in etwa so unbeantwortbar erschien wie die Frage, wer jetzt eigentlich für Deutschland zuständig war. Irgendwer meinte sich zu erinnern, dass die Angelika Meininger vom Handelsverband zu den Erben gehörte. Mit der müsste man mal sprechen. Aber die sprach nicht mit jedem.

Die Luft war schwer und schwül, als die Frauen nach dem Essen vor die Tür traten. Und wie sie sich einander zuwinkend zerstreuten, hatte dieser Abschied auch etwas von Abwinken: Alles viel zu kompliziert.

\* \* \*

Anders die Franzi. Als die nämlich von diesem Mittagessen nach Hause gekommen und es sich mit dem Morgenkaffeerest auf ihrer Liege im Gartenhaus gemütlich gemacht hatte, konnte sie es kaum abwarten, zu überlegen, wie man es machen würde, wenn man es machen könnte: für viele kochen. In dieser Küche, die keine von ihnen je von innen gesehen hatte. Aus der Erinnerung zeichnete Franzi die Räumlichkeiten auf und überlegte, ob nicht überhaupt die schätzungsweise fünf dort einquartierten Familien tatsächlich ausschließlich im oberen Geschoss untergebracht waren und im Grunde die untere Etage frei war; dort waren die Säle. Und vor allem war dort nach hinten hinaus: der Garten. Gerade den hatte sie immer so gerngehabt. Heckenrosen und bunte Stühle. Ein Zivi aus der Stadt hatte sie damals angestrichen. Weil die Stühle auch für Tagungen wohltätiger Vereine genutzt wurden, lief deren Restaurierung unter Gemeinnützigkeit. Für Farbe allerdings war kein Geld zur Verfügung gestellt worden. Also war ein Aufruf gestartet worden: »Farbreste bitte im Rössle abgeben.«

Allerhand war da zusammengekommen: von gedecktem Beige (Elfriedes Nachttisch) über Azurblau (Dominiks Zimmerwandfarbe) und Schwedenrot (Peters Gartenhaus) zu Grellpink mit Glitzereffekt (Philippas Schrank). Daniel, der Zivi, hatte brav alles verpinselt. Die Gäste des Rössle hatten ihre Häuslichkeit wiedererkannt, und immer hatte es etwas zu bereden und zu necken gegeben über die Farben, wurde gescherzt und verhandelt, wer Philippas Glitzerpink bekommen durfte und wer auf keinen Fall. Die beste Zeit war das gewesen, fand die Franzi. Die Stuhlverhandlungen hatten verlässlich die Laune gehoben und das Eis geschmolzen, denn Eis gab es auf dem Dorf immer mal, auch im Hochsommer.

Ja, der Garten war wichtig. Denn am Reihum-Modell durch verschiedene Küchen hatte sie eines am meisten gestört – mehr als dass die Vroni die Tomatensoße ohne Oreganum, die Elsbeth den Blumenkohl mit Koriander statt Muskat garte und die Aloisia den Chinakohl nicht süßsauer, sondern mit Schinkenwürfeln anrichtete: das Drinnenhocken.

So überlegte Franzi hin und her, rappelte sich von ihrer Liege hoch und stieß das Fenster auf, das ihr Jüngster ins Dach hineinfabriziert hatte: »So kriegst endlich dreidimensional Luft«, hatte er gesagt. Sie legte sich wieder hin, beglückt darüber, wie verlässlich das neue Fenster frischen Wind machte, und schaute von ihrer Gartenliege aus in den Himmel, an dem von Osten her die Wolken vertrieben wurden. Je freier der Himmel wurde, desto freier bewegte sie sich in Räumen, die sie sehr lange nicht und zum Teil noch nie nicht gesehen hatte. Sie wusste nicht, wie groß die Küche war und wie viele Gaststuben es gab. An eine große und zwei kleine konnte sie sich erinnern. Mit mehreren Unbekannten erstellte sie mehrere Versionen. Es machte ihr Freude. Der Kaffee und die Freude ließen ihr Herz ein wenig springen. Auf die gute Art.

Die Rückseite vom Sondermüllterminblatt reichte nicht aus. Sie stemmte sich hoch, ging ins Wohnzimmer, zog die unterste Schublade des Eckschrankes auf, holte einen karierten Block heraus, ein Lineal, Bleistift und Radiergummi – und projektierte weiter. Als sie zufrieden war mit der Innen- und Außenraumgestaltung des Rössle, aus dem Planungsbüro Heberle, faltete sie die Blätter zusammen, steckte sie in ihre Handtasche, zerknüllte die verworfenen Skizzen und warf sie in den Ofen; so konnte man Anzünder sparen, dachte sie und war mit der Gesamtsituation sehr zufrieden. Morgen bei der Vroni würde sie die Papiere nach dem Hühnerfrikassee mal auf den Tisch legen. Wahrscheinlich kochte die Vroni ihr Hühnerfrikassee mit Piment, nicht mit Kapern. Das ärgerte Franzi schon im Vorhinein, weil sie, seit sie das Rezept von ihrer Patentante bekommen hatte, Kapern unverzichtbar fand. ›Ich werd's überleben‹, sagte sie zu sich selbst, bevor der Gedanke, dass sie das Frikassee lieber ohne Kapern als ohne die Nachbarinnen essen würde, allzu groß wurde.

\* \* \*

In der Tat hatte Vroni ihr Frikassee mit Piment abgeschmeckt, allerdings zusätzlich mit Wacholder. Ein köstliches Süßkartoffelmus wurde dazu gereicht. Süßkartoffelmus hatte die Franzi überhaupt noch nicht auf der Liste gehabt. Also konnte sie auch keine starken Überzeugungen dazu entwickelt haben. Mit Curry hatte die Vroni es gewürzt. Das war nicht abwegig, auch wenn die Franzi sich Muskat und bunten Pfeffer noch besser hätte vorstellen können – und warum nicht auch frische Minzblätter? Wenn man schon beim Experimentieren war.

Jetzt waren die Teller leergegessen, die Stühle zurückgeschoben, die Hände glücklich und ein klein wenig leidend, lagen in der Gegend der Mägen. Da holte Vroni kurzerhand den Tannenwipfelschnaps vom Benedict, Gott hab ihn selig, aus dem Keller und die Stamperle aus dem Schrank. Nach Maienwald und langen Spaziergängen schmeckte der – und half sofort. Warum hatte man ihn die Männer allein trinken lassen all die Jahre? Als hätten die den Wald gepachtet gehabt. Jetzt stand der Schnaps herum. Literweise.

Als das Thema Rössle-Küche, behutsam angestoßen von Franzi, wiederaufkam, bekräftigte die Aloisia ihren gestrigen Einsatz; offenbar hatte sie selbst ausgiebig darüber nachgedacht:

»Wenn es sich lohnen soll, müssten wir nicht für fünf oder sechs Leute kochen, sondern für fünfzig bis sechzig, das geht ja gar nicht ohne die Geflüchteten – und möglichst noch ein paar Kurgäste«, meinte sie und leerte dabei beherzt das Stamperle. Sie wusste Bescheid. Dreizehn Sommer lang hatte sie auf der Weißkopfalm gekocht. Kochen für viele war für sie ein Improvisationsgeschehen mit nach oben offener Richterskala.

»Wir wissen doch gar nicht, was denen schmeckt«, wandte Vroni ein.

»Bis jetzt hat's noch jedem geschmeckt, was ich zusammengerührt hab in meiner Küche.«

»Du meinst, es hat sich keiner beschwert.«

Ohne Schnaps wäre die Stimmung jetzt vielleicht gekippt. Denn die Almuth, robust in jeder Hinsicht, war empfindlich, was ihre Kochkunst anbelangte, und verstand diesbezüglich keinen Spaß. Es war nämlich auch kein Spaß gewesen, sich als einzige Frau in der Kochschule behaupten zu müssen. Jeden Morgen war sie sechzig Kilometer in die Stadt gefahren, um kochen zu lernen, nicht schnell und billig und aus Dosen, das hätte sie überall lernen können, sondern mit Zeit und Gefühl und frischen Zutaten. Hatte dabei Hände von ihrem Po fernhalten und eine mehrsprachige Sammlung frauenfeindlicher Sprüche überhören müssen. Und einmal ein Tranchiermesser zwischen sich und einen übergriffigen Ausbilder halten müssen.

Aber statt die Vroni in die Schranken zu weisen, hielt sie ihr das Stamperle noch einmal hin.

»Schweinefleisch darf's aber nicht geben«, gab derweil die Johanna zu bedenken.

»Nein, kein Schweinefleisch.«

Schweigen. Wie viele Gerichte ohne Schweinefleisch hatten sie eigentlich im Repertoire? Wo noch nicht mal ein Scheibchen Schinken oder etwas Hackfleisch halb/halb drin war?

»Also, ich hab schon lange keins mehr gekauft«, meinte Liesl.

»Seit ich gesehen hab, wie die armen Viecher dort droben gehalten werden, beim Kranz-Bauern, mag ich es auch nimmer«, stimmte Franzi zu.

»Überhaupt essen wir alle zu viel Fleisch«, sagte Bernadette.

»Willst jetzt Veganerin werden?«, stichelte Resi.

»Dass ich weniger essen will, heißt nicht, dass ich keins mehr essen mag«, antwortete Bernadette, verschloss ihr Gesicht, wie sie es manchmal tat – von einer Sekunde zur anderen ging da quasi das Licht aus –, und hing eine Weile lang ihren Gedanken nach, die die anderen nichts angingen.

Fleisch hatte sie nur wegen der Ihrigen gebraten, gekocht, gegrillt, gesotten. »Wir sind halt fleischfressende Pflanzen«, hatte sie immer gesagt, wenn sie an der Theke der Metzgerei ihre Kilopakete entgegennahm. Ihr Max, den es längst dahingerafft hatte, zwei Buben und ein Maderl, alle hatten sie ein Essen ohne Fleisch gar nicht ernstgenommen. Als die Kinder aus dem Haus waren, zuletzt der Korbinian, für den ein Tag ohne Burger ein verlorener Tag war, gab's keinen Grund mehr für Fleisch. Außer jemand anders hatte es für sie zubereitet; nur für sie. Der Josef von der Kfz-Zulassungsstelle, der hat's so gern gehabt, sie zu verwöhnen. In jeder Hinsicht. Fleischgerichte und fleischliche Lust, das hatte eine Weile sehr gut zusammengepasst. Wo sie doch Witwe geworden war zu einem Zeitpunkt, als andere noch ein letztes Kind bekamen.

Rehrücken mit Thymian und Brombeermousse und sich dann über den Rücken streicheln lassen. Mei, war das schön gewesen, nach der langen Zeit, in der niemand an ihrem Rücken interessiert gewesen war. Nur dass er sie unbedingt heiraten wollte. Und sie das untrügliche Gefühl gehabt hatte, dass dann der Spieß umgedreht werden würde und sie sich schon für ihn das Fleisch zubereiten sah. Für ihn, den ewigen Junggesellen, wäre es die erste Ehe gewesen, aber ihr war nach der ersten jede Lust auf eine zweite vergangen. Seitdem: wenig Fleisch.

»Was für Essen bekommen die Leut dort momentan geliefert?«

»Na, das vom Gastro-Hansi.«

»Kann der so etwas überhaupt, ganz ohne Fleisch?«

»Ohne Schweinefleisch, meinst?«

»Lamm geht doch, oder?«

»Gibt es eigentlich Weißwürste aus Huhn?«

»Aus Tofu sicher ...«

›Ohne Schweinefleisch‹ drohte, das Gespräch sich im Kreise drehen zu lassen, bis sie nicht umhin kamen, festzustellen, dass sie tatsächlich keine Ahnung hatten. Erstens, was die Leute zu essen gewohnt waren, und zweitens, was sie hier zu essen bekamen. Ob sich der Gastro-Hansi jemals erkundigt hatte, was ihnen schmeckte? Die Zweifel daran zumindest waren einhellig.

»Wir müssten halt mal die Liliane fragen«, meinte Johanna, »die bringt denen doch Deutsch bei. Sie wird schon wissen, was die Leut im Rössle essen – oder essen wollen.«

Ob man die Liliane so etwas fragen konnte, war allerdings die viel fraglichere Frage. So zurückgezogen, wie die wohnte, seit sie damals als junge Frau ins Dorf gekommen war, um in der Schule des Nachbarortes zu unterrichten. Erdkunde und Englisch. Sie war nicht beliebt und nicht unbeliebt. Ging in Rente, ohne einen Ausstand, ohne Sekt und Catering, ohne irgendetwas, lebte zurückgezogen in einer kleinen Einliegerwohnung der Alten Mühle. Seit letztem Sommer unterrichtete sie die Geflüchteten in der deutschen Sprache und redete auf diese Weise mit den Bewohnern des Rössle jedenfalls deutlich mehr als mit den meisten Einheimischen.

»Doch, doch«, meinte die Franzi, obwohl niemand widersprochen hatte, wie um jeden Zweifel in den Köpfen der hier Versammelten im Keim zu ersticken, »die Liliane soll uns mal was erzählen, wie's da drinnen ist. Gell, Liesl, das kannst du machen. Du kennst sie am besten.«

Die Liesl bezweifelte, ob irgendwer die Liliane am besten, oder überhaupt nur gut, oder ob nicht am ehesten alle sie gar nicht kannten, aber sie sagte: »Ich kann's versuchen.«

Die Sache war ja insgesamt inzwischen so verrückt, dass es verrückt gewesen wäre, nicht weiterzumachen.

Hatte jemand die Nummer von der Liliane? Nein. In keinem der sieben digitalen Adressbücher war sie abgespeichert, aber die Vroni hatte im Flurschränkchen noch ein Telefonbuch aus Papier, alphabetisch geordnet nach fünf Gemeinden. Staub hatte sich drauf angesammelt. Sie blies ihn zur Seite weg, suchte und fand die Nummer, wählte sie und gab den Hörer an Liesl weiter.

So wurde also Liliane, die offenbar keine von ihnen je angerufen hatte, jetzt von der Liesl angeklingelt, übrigens mitten in der Mittagszeit, und gefragt, ob sie nicht morgen mal zum Essen kommen möchte, bei der Resi, ja, der Resi Stigeler. Nein, am Telefon könne sie das nicht so rasch erklären, was das für eine Zusammenkunft war, Nachbarinnen halt, weißt?, die mittags zusammen essen, alles ganz einfach ... Nein, kein Geburtstag ... Ja, nur ein paar Frauen. Hm, ein paar Frauen halt ...« Die Liesl redete sich am Telefon den Mund fusselig. Die Frauen beobachteten sie gespannt. Liesl verdrehte die Augen, rief immer mal wieder ein »Hallo« in den Hörer, ob die Liliane überhaupt noch dran war, schien aber keine oder nur eine karge Antwort zu bekommen. Da nahm die Franzi ihr den Hörer ab.

»Liliane«, sagte sie, »hier ist die Franziska Heberle. Ich war doch mal im Eltern-Ausschuss. Als wir den Pausenhof begrünt haben. Erinnerst dich? Ja, genau. Mit Weißdorn und Liguster. Wir wollten mal fragen, was wir für die Leut im Rössle tun können, weißt? Da kennst dich doch aus – besser als wir.«

»Ich komm«, sagte die Liliane, »darf ich was mitbringen?« »Ja«, antwortete die Franzi, »an guaten Hunger kannst mitbringen.«

\* \* \*

»Erzähl doch mal«, wurde die Liliane am nächsten Tag in Resis Küche gebeten. Weil eine mehr es nötig gemacht hatte, auch die andere Seite des Esstischs auszuziehen, was nur unter Beigabe einiger Tropfen Nähmaschinenöl möglich gewesen war, war der Tisch nahezu eine Tafel geworden. Aber genau wie die Ausziehmechanik schienen auch Lilianes Stimmbänder oder überhaupt ihr Äußerungswille ziemlich eingerostet zu sein.

Liliane räusperte sich. Nicht nur einmal. Wie ging das überhaupt: Erzählen? Sie konnte unterrichten, Ansagen machen und Protokolle schreiben. Sie konnte Tafelbilder erstellen und Zeugnisse schreiben. Aber erzählen?

»Was wollt's denn wissen?«, fragte sie schließlich.

»Wie man da so isst«, sagte die Bernadette.

Liliane schaute sie befremdet an.

»Nein, nicht, wie's da so ist«, verbesserte sich die Bernadette rasch, »wie man dort isst, weißt? Mit scharfem S. Doppeltem S – sozusagen.«

Klang auch nicht gut. Aber Liliane hatte verstanden.

»Das ist halt eine Katastrophe«, sagte sie. »Diese Plastikschachteln mit den lätschigen Spätzle und der schlotzigen Soß, wo'st nicht wissen willst, was da reingerührt ist. Keinen Bissen könnt ich davon verdauen.«

Instinktiv schob Liesl ihr das Sieb mit den Gnocchi hin, Elsbeth schob die Soße, fein abgeschmeckt mit Liebstöckl und Lorbeer, in einem buntgeblümten Emailletopf hinterher.

»Eine Verschwendung ist das«, fuhr die Liliane fort und berichtete davon, wie jede Woche sich jemand aus der Unterkunft mit einer Sammelbestellung ins Gewerbegebiet aufmachte und mit einem Rucksack voll mit Müsliriegeln und Schokolade zurückkam: »Was da an Zucker drinnen ist! Ein Wahnsinn ist das. Ein Wahnsinn – und eine Katastrophe.«

Die anderen nickten. Fanden sie auch. Dass die Ernte von den Feldern rund ums Dorf in einem Industriegebiet zu irgendeinem Zeug zusammengerührt, in Styropor verpackt und lauwarm ins Dorf zurückgekarrt wurde, ausgerechnet in ein Gasthaus, wo einmal bestimmungsmäßig frisch gekocht worden war, naja, einigermaßen frisch, war ein Skandal.

»Und dann landet das alles in den Abfalltonnen.«

»Und der Plastikmüll, weißt, der geht doch dann in die Dritte Welt.«

»Entwicklungsländer, meinst du …«

»Was soll sich da entwickeln, wenn du den Boden vor lauter Plastik nicht mehr sehen kannst?«

»Ja, das war in den Nachrichten neulich.«

»Wennst dir überlegst, dass deine alten Gummistiefel, der kaputte Gartenschlauch, dass all das Zeug dort landet.«

»Und die Leut einfach nur weg wollen, von dort.«

Ratlosigkeit spiegelt sich in ihren Gesichtern. Konnte mehr schiefgehen in einem solchen Verschiebebahnhof?

Ob die Leute dort denn gar nicht versuchten, selbst zu kochen, wurde die Liliane gefragt.

»Dürfens ja nicht«, antwortete die Liliane. Kochen sei im ganzen Haus strengstens verboten. Überhaupt sei ja die Küche seit Langem schon außer Kraft – und ein gutes Geschäft für den Hansi ist's auch.«

Verdrossen schob die Liliane die Gnocchi mit der Gabel auf ihrem Teller hin und her.

Die Frauen nickten. Ja, genauso hätten sie sich das schon gedacht. Aber wie sich das ändern ließe, ihrer Meinung nach, wurde die Liliane gefragt.

»So etwas lässt sich nicht ändern«, meinte Liliane und hatte auf einmal wieder genau den Gesichtsausdruck, mit dem sie von der Schule durchs Dorf in ihre Wohnung ging und mit dem sie auch sonntags in der Kirche zu sehen war, immer am selben Platz, links hinten, mit genau diesem Gesicht. Als habe sie mit dem Herrgott ein Hühnchen zu rupfen und warte nur darauf, dass er sich dem stellte, sich ihr stellte. Sie gab ihm eine Chance. Jeden Sonntag um zehn Uhr. Sie war da. An ihr lag's nicht. Genau so sah die Liliane jetzt grad wieder aus.

Ob man vielleicht mal schauen könne, wie die Küche da unten, also wie die überhaupt aussäh, wie schlimm der Zustand überhaupt sei, fragte die Franzi.

»Schon«, antwortete die Liliane, die Tür sei zwar zugesperrt, aber sicher hing der Schlüssel in dem Kasten, aus dem sie auch den Schlüssel für den Unterrichtsraum herausnahm. Es wäre nicht die Liliane gewesen, wenn sie jetzt nicht auch noch gesagt hätte, dass sie nicht daran glaube, dass da irgendetwas zu machen sei, von wegen vor Ort kochen und so weiter. Nie und nimmer. All diese Schutzbestimmungen.

»Schminkt's euch das gleich ab«, sagte sie – zu den Frauen, die allesamt aus einer Generation stammten, in der die getönte Tagescreme das Äußerste an Make-up war, was man sich vorstellen konnte, und der Lippenstift, der von der zum fünfzigsten Geburtstag geschenkten Typberatung mit den Jahren in den Kommoden ganz nach hinten gewandert war.

»Man könnt halt für sie mitkochen, haben wir uns gedacht.«

»Für uns und für sie –«

»Für alle eben.«

»Ganz ohne Plastik.«

»Und die Butzele, was die alles mitgemacht haben, da brauchen's schon was Vernünftiges, nicht nur Schokolade und diese süßen Riegel ...«

Die Liliane verzog ihr Gesicht nicht.

Da schob ihr die Franzi die Skizzen zu, die sie aus dem Gedächtnis angefertigt hatte. Ob es diese Ernsthaftigkeit war, schwarz auf weiß, oder die besänftigende Wirkung des guten Essens, jedenfalls räusperte sich die Liliane, nahm einen Schluck Wasser, während sie über den Rand des Glases hinweg die Franzi ansah und im Absetzen fragte:

»Magst einmal mitkommen?«

Franzi nickte. Genau darauf hatte sie gewartet.

\* \* \*

Als Liliane Wachsmuth am nächsten Donnerstag vor die Tür trat, wartete Franzi vereinbarungsgemäß am Gartentor und ging dann die paar Schritte zum Rössle gemeinsam mit ihr. Außer einer Begrüßung, die auf Seiten Franzis begleitet wurde von einem breiten, vorfreudigen Lächeln, auf Seiten Lilianes von einem angedeuteten, wurden keine Worte gewechselt.

Wie früher durch den Haupteingang ihrer Schule ging Liliane festen Schrittes ins Rössle, durch den schmalen Flur zum Schlüsselkasten in der Nische zur Kellertreppe, holte erst den Schlüssel für ihren Unterrichtsraum heraus und anschließend den, der unter dem vergilbten Zettel mit der Aufschrift »Küche« hing, reichte ihn der Franzi mit den Worten: »Hängst ihn halt wieder zurück«, und verschwand.

Franzi wog den Schlüssel in ihrer Hand. Dies war kein Sicherheitsschlüssel mit flachem Bart, keine unbeschriftete Plastikkarte, wie sie ihn bei der letzten Fahrt nach Meran im Hotel bekommen hatte, und kein vierstelliger Code auf einem Papierstreifen wie in der Rehaklinik nach der Knieoperation, dies hier war ein schwerer Stahlschlüssel mit groben Zacken – wie es ihn früher gegeben hatte, und das war er ja auch, ohne wie: von früher. Wahrscheinlich, dachte sie, gibt es solche Schlüssel überhaupt nur noch in Häusern, die sich nicht verkaufen ließen. Die Letzten ihrer Art. So robust er auch aussah, die Tür, zu der er passte, würde er wahrscheinlich recht wenig sichern. Aber das Rössle hatte ja nichts zu verlieren. Erst recht nicht seine stillgelegte Küche.

Franzi versuchte, sich in dem dämmrigen Flur mit sechs geschlossenen Türen zu orientieren. Wo genau war jetzt eigentlich die Küche gewesen? Sie entschied sich für die Doppeltür aus dunklem Holz und steckte den Schlüssel ins Schloss. Im Uhrzeigersinn ließ er sich nicht drehen, also versuchte sie es in die andere Richtung und drückte die Klinke runter. Verschlossen. Wieder zurück. Jetzt ließ sich die Tür öffnen.

Franzi trat ein, es war dunkel, die Fensterläden geschlossen. Sie tastete nach den Schaltern. In einer Neonröhre unter der Decke flimmerte sich ein kaltes Licht zurecht. Die anderen blieben dunkel, aber es reichte, um den Weg durch den Raum zu den Fenstern zu finden, sie zu öffnen und zu versuchen, auch die Läden zu entriegeln. Aber sie waren mit einem Querholz gesichert. Nicht jedoch die staubblinden Oberlichter. Franzi holte sich einen der Stühle aus dem Flur, die dort nachlässig gestapelt worden waren, prüfte erst seine Standfestigkeit, dann ihre eigene, stellte sich drauf und zog die Oberlichter auf, alle nacheinander. Erst einmal frische Luft, dachte sie, und etwas Tageslicht.

Vorsichtig ging sie wieder in die Hocke und tastete mit einem Bein nach dem Linoleum. Als sie auf sicherem Boden angelangt war, drehte sie sich um – und sah eine Frau in der offenen Tür stehen.

Sehen war zu viel gesagt. Die schwächelnde Neonröhren, eine tief stehende Sonne, die durch die Oberlichter einfiel, und Franzis beginnender grauer Star machten, dass dort im Halbdunkel für sie nur eine Kontur, die Umrisse einer Gestalt zu erkennen waren: eine Frau, nicht groß, nicht klein, nicht dick, nicht dünn. Eine ganz normale Frau. In, wie Franzi nach und nach sah, einer ganz normalen Strickjacke, wie sie alle hier trugen, und einer Jeans, wie sie zumindest für alle jüngeren Leute ganz normal war, und deutlich jünger als sie selbst war sie ja, könnte ihre Tochter sein, wenn auch eine, die sie schon mit gut zwanzig bekommen hätte. Haare, Gesicht und Augen konnten im flimmernden Licht von jeder Farbe sein. Sie könnt von hier sein, natürlich. Wenn nicht das Rössle zu einem amtlichen Nicht-von-hier-Ort geworden wäre.

Nicht-von-hier ließ natürlich einen ziemlich großen Teil der Welt offen, vor allem wenn ›von-hier‹ ein Fünfhundert-Seelen-Dorf war, das zwar eingemeindet und Teil eines größeren Ganzen, aber dieses größere Ganze immer noch verschwindend klein war im Hinblick auf das, was dennoch nicht von-hier war.

Von wo dann? Naher Osten, dachte Franzi. Das war ihr Begriff von einer Region dieser Welt, in der Länder mit klingenden Namen fortwährend miteinander im Krieg lagen.

\* \* \*

Sie war gerade mit dem Anton in Vorbereitungen zu ihrer Hochzeit gewesen, als die Meldung im Radio kam, im Nahen Osten sei heute ein Krieg ausgebrochen. Während die Hochzeitsvorbereitungen voranschritten, schritt auch der Krieg voran, Länder wurden bekämpft und besiegt, besetzt – in Tagesfrist. Als wären die Nachrichten an sich selbst irre geworden, weil das doch gar nicht sein konnte, vier Länder, sechs Tage, zehntausend Tote. Anton mit seinem Bruder draußen im Garten, hämmernd und schraubend, sie in der Küche, mit Mehl, Zucker und der Ofenhitze und dem Gefühl, wie unerträglich es war, dass sie hier drei Torten für die Kaffeetafel buk, Schwester und Cousine noch je eine mitbringen würden, während dort ein Brandherd Kriege entfachte, die Dörfer, Städte und Menschen verschlangen. Was sollte sie tun? Den Sender wechseln? Protestieren? Doch nicht heiraten? Lieber keine Kinder in diese Welt setzen?

Der Nahe Osten verschwand aus den Nachrichten, machte Platz für neue Runden von Auf- und Abrüstungen des Kalten Krieges, und selbst der ging zu Ende. Mauern waren gefallen, Grenzen geöffnet worden und ihr Jüngster gerade bei der Bundeswehr, als der Golfkrieg ausbrach. Sie hatte sich geschämt, dass sie immerfort und gegen jede Vernunft nur das eine denken konnte: nicht dorthin, bitte nicht dorthin, dorthin bitte nicht. War nachts aufgestanden und hatte Tee gekocht, weil Anton, den außer der Sportschau und dem Politbarometer nichts interessierte, was das Fernsehen zu bieten hatte, auf einmal im Wohnzimmer saß und auf ein schemenhaft in Planquadrate aufgeteiltes Dunkel starrte, durch das stille Blitze zuckten wie Irrlichter. Aber diese Lichter gingen nicht in die Irre, sie trafen ihre Ziele. Und die Welt war zugeschaltet.

»Das ist kein Krieg«, hatte der Anton zu ihr gesagt. »Das ist Waffenwerbung.« Und dann hatte er ausgeschaltet und war den Feldweg hochgegangen. Franzi hatte genau gewusst, dass er jetzt allein sein musste auf der Bank, die er mit seinem Bruder dorthin gebaut hatte, wo man über die Felder bis zur Kirchturmspitze des Nachbarortes schauen konnte; nur bei Neumond nicht. Auf der Bank stand: »Für Kurt 1921–1944«. Dort würde er jetzt allein sitzen, denn der Anton war zwar ein Mensch, der alles teilen, aber nicht alles mitteilen konnte. Warten, dass er heimkommen würde, den Tee warmhalten, ihre eigenen Ängste für sich behalten, das war alles, was sie für ihn tun konnte.

Als Syrien in den Nachrichten auftauchte, tauchte es auf als Bürgerkrieg, und Bürgerkrieg klang nach: »geht uns nichts an«. Da waren die Kinder allesamt schon aus dem Haus gewesen und jedes von ihnen: vielreisend. In deren weitausgreifende Urlaubsplanung hinein hatte die Franzi ihre Reisewarnungen platziert: »Aber bitte nicht in dieses Bürgerkriegsgebiet.«

»Mama!«, hatten die Kinder geantwortet. »Das ist Millionen Kilometer weit weg.« Und sie hatte geantwortet: »Nein, das ist nur dreihundert Kilometer weit weg von dort, wo ihr hinwollt« – und sich wieder einmal geschämt, dass sie vor allem im Kopf hatte, die Kinder möchten heil von ihren Abenteuerreisen wiederkehren, die sie in Nachbarländer der Brandherde führten, wo die Meldungen nach Ausweitung und Näherrücken klangen. ›Syrien‹ klang ihr ohnehin näher als die meisten anderen Namen im Nahen Osten. Vielleicht weil sie sieben Jahrzehnte lang an jedem 24. Dezember in der Heiligen Messe gehört hatte: ›Als Quirinius Statthalter in Syrien gewesen war …‹ und es ihr jetzt so vorkam, als wären die Menschen direkt aus dem Lukas-Evangelium durch Raum und Zeit hindurch in ihr Land, in ihr Dorf geflüchtet, um sich hier in Listen erfassen zu lassen – wo es noch freie Plätze in Herbergen gab. Wenn auch ohne Kochgelegenheit, dachte Franzi.

※ ※ ※

Nein, die Frau, die da in der Tür stand, war nicht von hier. Sie war von dort. Hierhergekommen. Eine, die in diesen langen Menschenschlangen gegangen war, die in der Tagesschau zu sehen gewesen waren, Menschenschlangen ohne Gesichter, eine stand jetzt hier unter dem hohen Türstock und hatte durchaus ein Gesicht, wenn es sich auch noch nicht so genau erkennen ließ. Stand dort in der Tür der stillgelegten Küche des Rössle mit verschränkten Armen – und recht wenig neugierig. Denn diese Küche, diesen kalten Rest Küche hatte sie sich schon sehr genau angesehen. Immer wieder. Morgens, mittags, abends und mitternachts, wann immer sie es nicht mehr aushielt, hatte es sie hinuntergetrieben in diese Kochruine, die sie unabgeschlossen vorgefunden hatte und in der sie davon träumen konnte, dass sie darin etwas fabrizieren könnte, knusprige Sambose oder Battersh mit Nüssen oder Kibbeh in Joghurt und danach noch Ashtaleyee mit Sirup, Mhallayeh mit Granatapfelkernen oder am Ende gar einen Sayyalat mit Kokosraspeln oder einen Teller voll Tmarekaek, wonach sich die Kinder die Sesamsamen von den Mündern wischen und mit einem glücklichen Seufzer sagen würden: ›Wir gehen jetzt spielen.‹ Und man gewusst hatte, was das bedeutete: dass sie auf sonnenwarmen Mauern sitzen und sich runterschubsen und wieder raufhelfen würden, dass sie einen Ball auf den Boden prellen, herumwirbeln und ihn wieder fangen würden. Ohne Ende. Ohne Angst. Und sie selbst den Tisch lange noch nicht abräumen, sondern den Duft von Zimt und geröstetem Sesam genießen würde, während sie mit dem Skizzenblock auf den Knien am Fenster für ein neues Kinderbuch zeichnen könnte, wie früher. Zwischen den Töpfen zeichnete es sich am besten – wenn ein leichter Wind die Jalousien klappern ließ und die Nachmittagssonne ihr genau das richtige Licht spendete für Bilder, die hinter ihrer Stirn abliefen, so schnell und intensiv, dass sie kaum hinterherzeichnen konnte. Das war ihr Glück gewesen. Es war auf der Strecke geblieben. Jetzt strichelte sie auf Papier, ohne ihr Licht, ohne ihren Wind, ohne den Duft ihrer Küche, und es kamen dabei nur Kritzeleien heraus, wie ein jeder sie bei langweiligen Telefonaten aufs Papier bringen konnte.

Hinunter in die Gasthaus-Küche kam sie, wenn sie das Trommeln der Finger ihres Mannes auf die Tischplatte nicht mehr ertrug. Hierher ging sie, wenn die Kinder aus der Schule kamen, nichts sagten, kaum etwas aßen, die Styroporschachteln beiseiteschoben, das Handy erbaten und es nicht zurückgaben. So gingen sie jetzt spielen – im engsten Kanal dieser Welt. Genau dann trieb es sie hinunter in diese große leere Küche, wo sie ganz allein mit sich war und darauf wartete, dass vielleicht die Bilder zu ihr zurückkamen, die Figuren. Und jetzt stand ihr keine gestrichelte Figur vor Augen, sondern eine fremde Frau aus Fleisch und Blut. Was wollte sie hier? Gehörte dieses Haus vielleicht ihr? Sollte es verkauft werden? Mussten sie weiterziehen? Die Kinder wieder in eine andere Schule? Sie wieder in ein anderes Amt?

Noch war es keine Begegnung. Schwer zu sagen, ob es überhaupt ein leichtes Nicken gegeben hatte. Ein angedeutetes Lächeln? Oder nur scheue Blicke, aneinander vorbei? Das Licht fiel ja nur von oben ein und ließ vieles im Dunkeln.

\* \* \*

Sie arbeiteten sich, die eine vom Türstock, die andere vom Fenster her, in die Mitte vor, zu den Kochplatten.

»Esma«, sagte Esma.

Franzi dachte: Esma klingt wie ein Name, nicht wie ›Guten Tag‹ in einer anderen Sprache.

»Franzi«, antwortete sie.

Auf dem Regal über den geputzten, aber nicht wirklich blanken Kochplatten nichts – außer einer Riesenpackung Salz, mehr ein Kübel als eine Packung, fast ein Eimer, auf dem ein oberbayrischer Bergzug abgebildet war. Esma stellte sich auf die Zehenspitzen, hob den Kübel herunter, öffnete ihn, kostete das Salz, rieb es zwischen den Fingen, hielt es Franzi hin – wie eine Tüte Chips oder eine Schachtel Pralinen. Wie lange mochte der angebrochene Salzkübel hier schon stehen? Anders als Chips oder Pralinen jedenfalls war Salz unendlich lange haltbar. Konservierte sich und alles, was man ihm anvertraute – in alle Ewigkeit. Hatte am Ende schon den verdorbenen Eierstich von Erwins Kommunion gesalzen, die Herzoginkartoffeln an ihrem sechzigsten Geburtstag und das Leipziger Allerlei bei werweißwievielen Festen – lange bevor die Mauer fiel und Leipzig ein realer Ort geworden war, der nicht nur für ein lasches Gemisch aus Spargel, Erbsen und Möhrchen stand. Und zweifellos würde es einfach weitersalzen, wenn man es ließe. Dachten beide Frauen jetzt das Gleiche? Was alles aus diesem knapp zur Hälfte geleerten Kübel gesalzen worden war – und noch gesalzen werden könnte? Franzi dachte an Suppen, Kartoffeln und Gemüse, Esma dachte an – woran dachte sie? Dachte sie vielleicht an – Hummus? Für Franzi war Hummus das einzige ihr bekannte Wort aus der arabischen Küche. Andererseits war ihr klar, dass ›arabische Küche‹ in kulinarischer Hinsicht so ungenau sein mochte wie ›Naher Osten‹ in politischer. Wieviele Länder in diese zwei Wörter passten. Was auch immer im Einzelnen dort gekocht wurde, bestimmt hatte die Frau, die ihr hier gegenüberstand, solches Hummus schon zubereitet – wie sie es neulich im Supermarkt zu kosten bekommen hatte und das ruhig noch eine Prise Salz hätte vertragen können, wenn es nach ihr ginge. Aber auch, wenn sie es etwas fad gefunden hatte, war Hummus doch ein schönes Wort, so vertraut. Es klang nach Frische und Wachstum.

Die beiden Frauen standen dort, wechselten kein weiteres Wort. Sie schleckten Bad Reichenhaller Alpensalz in der halbdunklen Küche wie Gemsen einen Salzstein auf einem schattigen Felsvorsprung. Schleckten Salz von ihren Fingern und überlegten, jede für sich. Setzten sich wieder in Bewegung, streiften umher, deuteten auf etwas, schüttelten den Kopf, nickten …

»Kann man brauchen«, sagte Esma. Ihre Stimme war rau, aber von jener Rauheit, der nicht das Grollen, sondern das Lachen nahelag. Franzi, überrascht über erstens die dunkle Stimme und zweitens die deutsche Sprache, die, wenn sie nicht irrte, neben einem fremden sogar einen hiesigen, ja geradezu einen Liliane-Tonfall hatte, wusste nichts zu sagen und nickte nur. Kann man brauchen. Im Sinne von: Konnte man sogar verbrauchen. Eigentlich war damit alles gesagt. Sie schaute auf das Emblem, das den wuchtigen Salzkübel zierte und erinnerte sich daran, dass auf einem der Spielzeugautos ihres jüngsten Sohnes ebendieser Bergzug abgebildet gewesen war, und daran, wie oft sie dieses Bergsalzauto, das ihr Anton den Kindern mitgebracht hatte, als er vor Jahr und Tag einmal mehrere Monate in Bad Reichenhall geschafft hatte, beim Saubermachen aus irgendwelchen Ecken vorgezogen und in die Spielkisten geworfen hatte und manches Mal auch darübergestolpert war und es verflucht hatte – obwohl sie andererseits so froh darüber gewesen war, dass der Anton nicht arbeitslos geworden war und sie die Raten für den Hausausbau nicht hatten aussetzen müssen, trotz des Bankrotts der Schreinerei, in der er Lehrling, Geselle und Vorarbeiter gewesen war. Diese Salzberge waren ihr so vertraut wie nur was. Standen seit eh und je griffbereit in ihrem Küchenregal, in der handlichen Zweihundertfünfzig-Gramm--Packung.

»Komm«, sagte die Franzi, »lass uns mal schauen, was alles noch da ist.«

Wer wohl auf die Idee gekommen war, alles Geschirr, die Töpfe und Pfannen in einen einzigen riesigen Schrank zu verfrachten, wild durcheinander und doch so, dass es sicher stand? War es Zeitnot gewesen oder die Sorge, das altgediente Porzellan würde in einem Abbruchcontainer zerschellen? Oder die Hoffnung, das Rössle würde doch schon bald wieder öffnen?

Jetzt jedenfalls räumten Esma und Franzi in nahezu kindlicher Freude darüber, was immer noch alles zum Vorschein kam – kleine Kännchen mit nostalgischem Dekor, zweiundsechzig silberne Buttermesser und Biergläser mit der Gravur eines Festumzuges von 1954 –, den Schrank leer und drehten vorsichtig die Wasserhähne auf. Am Ende käme da eine braune Brühe raus, oder das Wasser liefe am Boden aus, weil die Rohre undicht geworden waren. Aber nach einem kurzen explosiven Laut floss das Wasser völlig unbeeindruckt davon, wie lange man es am Laufen gehindert hatte, bestimmungsgemäß in die Spülbecken. Im untersten Fach hatten sie ein nur halb eingetrocknetes Handspülmittel und vor Jahr und Tag gebügelte Geschirrtücher gefunden. Alles noch da. Ein bisschen muffig, doch, wie Esma gesagt hatte: konnte man brauchen.

Irgendwo klappte eine Tür. Schritte kamen näher, Stimmen wurden laut, verstummten an der Küchentür. Wie durch ein unsichtbares Absperrband gehindert, blieben die Menschen hier stehen; gewöhnt daran, dass man auch durch geöffnete Türen nicht einfach gehen durfte. Immerhin war Esma schon drinnen, auf der anderen Seite der Tür. Esma sah Franzi an, Franzi wusste nicht, wohin mit ihrem Blick, drehte sich wieder zur Spüle. Esma winkte, Frauen und Kinder kamen herein, sprachen in einer Sprache, die Franzi nicht verstand, vielleicht sprachen sie auch in vielen Sprachen; in vielen Sprachen, die sie nicht verstand. Ab und zu sagte Esma etwas, das sich nach »Gut so« und »Alles gut« und »Gut, gut« anhörte. Beschwörung und Beschwichtigung, mehr Laute als Worte.

Die Männer blieben an der Tür stehen, aufmerksam abwartend, nicht freundlich, nicht unfreundlich. Da tauchte auf einmal zwischen ihren Köpfen der von Liliane auf. Mit einem unwilligen Schütteln. Hatte sie dafür der Franzi den Schlüssel gezeigt, dass sie hier herumwirbelte und aus dem Sperrbezirk eine Abwaschküche machte? Wenn es Ärger gäbe wegen unbefugten Betretens oder gar wegen Hausfriedensbruchs wäre am Ende sie dran. Franzi sah ihren ärgerlichen Blick und meinte: »War gar nicht zugeschlossen. War offen.«

Esma stellte sich neben Franzi: »War nie zu«, sagte sie, »war immer offen. Offene Küche.«

Liliane öffnete den Mund, schloss ihn wieder.

»Offene Küche«, wiederholte sie schließlich und kehrte damit jenes Muster um, in dem die Lehrerin vor- und die Schülerin nachspricht. »Hört sich gut an«, fügte sie nach kurzem Zögern hinzu.

»Ja«, sagte Esma und lächelte zufrieden: »Gut, gut.«

Als sämtliches Geschirr frisch abgewaschen auf die Schränke verteilt war, verließen sie alle zusammen die Küche. Esma winkte Franzi von der Tür aus nach. Als verabschiede sie einen Gast. Salz hatte es gegeben. Bergsalz, genauer gesagt. In feinster Körnung, mit vierundachtzig lebenserhaltenden Mineralien – laut Deklaration im Kleingedruckten.

※ ※ ※

Erst am nächsten Morgen, als sie zum Zahnarzt fahren wollte, bemerkte Franzi, dass der Schlüssel noch in ihrer Jackentasche lag. Wieder wog sie ihn in der Hand, dachte an die halbdunkle Küche, an Esma, wie sie den Kübel geöffnet und ihr hingehalten hatte. Auch daran, wie die Kinder in die Küche hineingegangen waren – scheu und staunend, als sei dieser riesige hohe Raum, das kühle Halbdunkel mit den Lichtstreifen aus den geöffneten Oberlichtern, ein heiliger Ort. Wie groß war die Küche überhaupt, überlegte Franzi. Waren da zwei große Kochfelder gewesen? Oder drei? Gab es Dunstabzugshauben? Sie ärgerte sich darüber, dass sie sich nicht alles gemerkt oder sich wenigstens etwas notiert hatte. Woran sie sich in diesem Moment jedoch sehr genau erinnerte, war, dass Eierstich-Erwins Sohn, Stefan, die Elektrik neu verlegt hatte; genau deshalb nämlich hatten sie die Kommunion ihrer Tochter im Gasthof des Nachbarortes feiern müssen; was sich im Nachhinein als gar nicht so schlecht herausgestellt hatte, denn es war preiswerter gewesen und mindestens so gut. So hatten sie es damals gesagt: mindestens so gut. ›Besser‹, nein, das hätte man nicht sagen wollen, aus Lokaltreue, aber ›mindestens so gut‹, das war vertretbar und entsprach der Wahrheit.

Das Rössle war damals für den Stefan der erste große Auftrag gewesen. Und konnte man eine Küche neu verkabeln, ohne einen anständigen Grundriss zu haben?

Sie rief beim Zahnarzt an und bat darum, den Termin zu verlegen. Ihr Auto sei nicht angesprungen. Ein nichtanspringendes Auto stieß hierzulande auf mehr Verständnis als jede Krankheit unterhalb der Schwelle von todkrank. Halb aus schlechtem Gewissen, halb aus Beschwingtheit ließ sie jetzt tatsächlich das Auto stehen und fuhr mit dem Fahrrad ins Gewerbegebiet, zu Elektro Specht. Gerade als sie in den Hof einbog, sah sie den Stefan mit einer Handvoll Papiere in seinen Transporter steigen. Sie winkte, rief einen Gruß und brachte das Rad neben ihm zu stehen.

»Sag einmal, hast du noch die Pläne von der Elektrik, vom Rössle, weißt schon, von der Küche, du hast doch damals das ganze Haus neu verkabelt.«

Stefan schaute sie erstaunt an und überlegte, ob die Franzi, die bis dahin ganz normal auf ihn gewirkt hatte, jetzt an einer dieser Altersverrücktheiten litt. Aber abgesehen davon, dass sie offenbar keine Zeit für ein ›Griaß di‹ gehabt hatte und sie über ein Thema sprach, über das zu sprechen in keiner Weise zu erwarten gewesen war, wirkte sie ganz wie die Franzi, die er dann und wann im Supermarkt, manchmal auf dem Friedhof und öfter mal am Gartenzaun sah und mit der man ganz normal normale Worte wechseln konnte. Außerdem konnte er es sich nicht leisten, lange über eine solche Frage nachzudenken. Er war schon recht spät dran. Deshalb sagte er freiheraus, wie es war:

»Freilich hab ich die. Ich hab alles in meinem Keller, im Aktenregal, bei mir herrscht Ordnung, weißt?«

Ja, das hatte die Franzi gewusst. Ihre Buben hatten ihr nicht nur einmal erzählt, halb beeindruckt, halb belustigt, wie der Stefan seine Legobauten perfekt in Reihe aufgestellt hatte. Einen ganzen Fuhrpark, vom Traktor bis zur Rakete, säuberlich nach Jahrgang. Eine Geschichte der Automobilität in Lego oder eine Geschichte von Lego in Automobilen, wie man's nahm. Die Anleitungen, die sie bei ihren eigenen Kindern zerknüllt unter den Schränken hervorziehen durfte, waren beim Stefan in Schonhüllen abgeheftet für den Wiedergebrauch. Ihre eigenen Buben hatten halt immer frei Schnauze gebaut, in den Himmel hinein oder durch drei Zimmer hindurch, bis kein Steinchen mehr unverbaut war und kein Platz, einen Fuß auf den Teppich zu bekommen. Unvorstellbar beim Stefan.

Ob sie die vielleicht mal sehen dürfte – diese Pläne, fragte sie.

Stefan Specht warf seine Papiere auf den Beifahrersitz und nutzte den Moment, um kurz abzuschätzen, inwieweit elektronische Schaltpläne geheim, brisant oder am Ende nicht sowieso öffentlich waren. Gewiss ließen sich damit Kurzschlüsse produzieren, Terroranschläge. Aber von rechts? Von links? Absurd. Franziska Heberle war nicht die Frau für politische Extreme.

»Dann komm halt mal vorbei heut Abend«, sagte er.

»Um halb acht bin ich da«, antwortete Franzi. Kurz bevor sie aufs Rad stieg, fiel ihr noch etwas ein:

»Die Sicherheitsgründe, weißt schon, weil's die Küche doch stillgelegt haben im Rössle, das hat mit dem Strom nichts zu tun, gell?«

»Die Küche im Rössle ist so sicher wie's Amen in der Kirche.«

»Hab ich mir gedacht«, rief Franzi im Aufsitzen und sah nicht mehr, wie nachdenklich Stefan Specht seinen Kopf schüttelte.

\* \* \*

Am Abend, pünktlich um halb acht, klingelte Franzi beim Stefan. Der nahm sie direkt mit in den Keller, vorbei an Heizungsanlage und Waschküche in einen niedrigen kleinen Raum mit grauen Aktendeckeln, auf denen in sehr gleichmäßiger kleiner Schrift, genau auf der Mitte zwischen Schreib- und Druckbuchstaben, Orts- und Kundenname festgehalten waren, akkurat nach Jahrgängen geordnet. Er zog den ersten Ordner aus dem Regal, »da musst nicht lange suchen, s'war halt das Erste, was ich ganz allein hab machen dürfen«, meinte er und breitete die Pläne auf einem Tapeziertisch aus. Während Franzi versuchte, sich in dem Plan zu orientieren, sah Stefan sie von der Seite an, rang mit sich und fragte dann doch: »Wofür brauchst die?«

Franzi hatte sich auf diese Frage vorbereitet: »Wie man umbauen könnt, wollt ich mal schauen.« Das war nicht gelogen, auch wenn sie sehr wohl wusste, dass dies nach einem Kaufinteresse klang, das sie nicht hatte. Aber warum sollte sie sich nicht für ein Mehrgenerationenhaus interessieren dürfen, zum Beispiel? Da wäre sie nicht die Erste hier in der Gegend. Auf diese Weise hatte sie einerseits nichts als die Wahrheit gesagt und doch perfekt abgelenkt.

Stefan nickte. Mehr Auskunft brauchte er nicht.

»Dann nehm ich die mal mit«, sagte die Franzi.

»Aber bringst mir zurück, gell?«, meinte der Stefan. Franzi nickte. Anders als den Schlüssel, den sie erst einmal nicht zurückhängen wollte – am Ende käme ausgerechnet jetzt jemand auf die Idee, die Rössle-Küche abzuschließen –, würde sie den Plan nur kurze Zeit brauchen, um ihn in ihre eigenen Pläne einzubeziehen.

Gemächlich schob sie das Fahrrad den Hügel hinauf. Die vielen einzelnen Lichter in diesen Häusern. So nett anzusehen. Einladend geradezu. Und doch – was würde passieren, wenn sie anklopfte und sagen würde: »Sah so gemütlich aus bei euch, ich dacht, ich komm mal vorbei auf einen Kirschlikör.« Sie lachte. Das würde sie halt nie machen und das würde sie auch nicht wollen, dass bei ihr jemand einfiel, nur weil ihm gerad danach war.

Auch bei der Johanna war Licht; in der Küche. War nicht die Johanna genau so bei ihr eingefallen? Sie schwankte kurz, dann stellte sie ihr Rad neben Johannas Gartenzaun ab, zögerte noch einmal, ging zur Haustür – die sich in diesem Moment öffnete. »Magst einen Obstler?«, fragte Johanna.

»Gern«, antwortete Franzi, »und ich hab auch etwas mitgebracht.«

In Johannas Küche zogen sie mit geübten Händen den Tisch auf ganze Länge.

»Nur mal so zum Spaß«, sagte die Franzi, nachdem sie eine Weile auf das Papier vor sich gesehen und die Kniffe so glatt wie möglich gestrichen hatte, »eigentlich müsste man die Wand zum Garten durchbrechen.«

Beide Frauen setzten ihre Lesebrillen auf und wieder ab, beugten sich vor und standen halb auf, setzten sich wieder und schlugen die Beine übereinander. Sie hatten

Zeit. Sie hatten tatsächlich Spaß. Was man nicht alles machen könnte. Es war ja nicht so, dass man nicht schon reichlich, etwas überreichlich mitunter, Erfahrungen gesammelt hatte mit einem Anbau, einem Wintergarten, einem Dachgeschoss.

Und hier? In der Großküche des Rössle? Was müsste man tun, um von der Küche nicht nur in eine Gaststube, die natürlich gar keine Gaststube mehr war, sondern eine Art Möbelspeicher, auf kurzem Weg in den Garten zu kommen, der auch schon lange kein Garten mehr war, sondern eine Art Brachfläche? Er war sogar zuerst eingegangen, weil damals die nur hochaufwendig gefundene und trotzdem unter Tarif bezahlte Servicekraft bei schönem Wetter die Wege nicht schaffen konnte, durch den Korridor, halb ums Haus und zurück, dann wieder in die Gaststube, von dort in die Küche. Da hatte der Rössle-Wirt den Gastgarten abgesperrt und jedem, der es nicht glauben wollte, ein recht derbes »Is zua« entgegen geschleudert. Weil aber die meisten Leute inzwischen Drinnen-Berufe hatten und nicht Draußen-Berufe, wollten sie sich draußen vom Drinnen erholen und am Rand des Gastgartens eine Partie Boule spielen oder Federball auf der Wiese, während sie Eis und Bier und Pommes und Wurstsalat und Pizza bestellten, und weil wirklich niemand Lust hatte, bei fünfundzwanzig Grad Frühlingssonne den Kaffee drinnen zu trinken, mit Blick auf eine Fensterbankreihe halbvertrockneter Schusterpalmen statt auf Bienen und Schmetterlinge in den Heckenrosen, war das Rössle dann ziemlich schnell nicht nur draußen, sondern auch drinnen ›zu‹ gewesen.

Während Franzi und Johanna, konzentriert und heiter, die Baupläne studierten, im Hinblick auf mögliche Durchbrüche, während sie herumspintisierten und über sich selbst lachten, sie Geschichtchen über die Familienfeiern im Rössle austauschten und am Schnaps nippten, rief es auf einmal von der Straße her hoch. Sie blickten auf und sahen die Elfriede, wie sie die Abkürzung über die schmale Treppe zur Außenveranda nahm und noch einmal rief, und immer wieder, weil sie es selbst nicht fassen konnte, weil ihr Herz und Mund überliefen: »Die Sabina kommt wieder heim.«

# trieb und tratt

*sein haus ist ein haus gewesen. jetzt ist es ein stapel holz auf freier flur. nur die steine vom ofen liegen dort, wo gestern ein ofen war.*

*einen balken hat er nicht aus den augen gelassen. es ist der, der die wand neben dem ofen gestützt hat. dieser balken hat eine stelle. wie eine wunde. sie ist mit bienenwachs gefüllt und mit asche abgerieben, sie fällt kaum auf. wenn doch, vielleicht denkt dann einer, ein wurm sei darin erstickt worden. es ist aber nicht der wurm drinnen und war nie der wurm drinnen. nichts als die wahrheit ist darin. aus der wahrheit ist ein schuh geworden, und der schuh ist zum stehen gekommen in diesem balken, zum verschwinden ist er gekommen unter bienenwachs und asche. morgen wird der eingeritzte schuh sich auf den weg machen. auf einem fuhrwerk in die einöde.*

*die einöde, in der die balken abgeladen und wieder zu einem haus werden, morgen schon, liegt neben einer kleinen linde, die noch keine blätter trägt, obwohl es längst zeit wäre. einen einzigen weg gibt es dorthin von seinem dorf; und von dorther zum dorf zurück.*

*wie oft hat er die nachbarn um trieb und tratt bitten müssen, weil ein weg zu seinem feld über das feld eines anderen führte, so wie auch er selbst um trieb und tratt gebeten werden musste. nicht immer zur rechten zeit. grundherren, fürsten und ihr gefolge – sie scheren sich nicht um trieb und tratt, sie bekümmern sich nicht, wo ein wegerecht ist und wo nicht. ein weg ist, wo sie ihn wollen, das recht machen sie selbst. immer ist es anders, immer ist es auf ihrer seite. sie reiten das korn nieder, den hunden hinterher, die ein wildschwein jagen. am abend wird es am spieß ein festmahl sein. was schert sie das zuschandengerittene feld, sie haben den braten sicher und den kornzehnt dazu. den wird der bauer zahlen müssen. wovon?*

*als sein vater mit den anderen zusammen fortgegangen war, immer mehr waren es geworden auf dem weg in die stadt, der letzte weg, der hoffnung gab, da fanden sie einen, der für sie aufschrieb, was aufgeschrieben werden musste, das war der basty lotscher, der wohnte hinter der schule, und einen, der es heimlich druckte, der wohnte in einer anderen stadt und hieß melchior ramminger.*
   *dass sie keinen herrn mehr wollten haben, dies wollten sie geschrieben sehen in ihren artikeln, und dass sie niemandem gehorsam sein möchten, denn allein dem evangelium, speis ihrer seelen, und selbst darauf schauen, wer ihrer gemeinde pfarrer sein darf. korn würden sie abgeben, aber nicht ein stück vieh. zu dem anderen, dass holz und wasser und auch alles wild, fische und vögel sollen frei sein nicht nur für die herren. auch die allmende sollten die herren brüderlich zurückgeben und ihnen ihre dienste entlohnen, denn ein jeglicher tagwerker sei seines lohnes wert. im todfall witwen und waisen zu schinden und zu schaben, auch dies sei gegen gott und jede ehre. zu strafen im falle eines frevels sei nicht mit willkür, sondern nach guter fester ordnung.*
   *wenn man ihnen aber zeige und den beweis führe, dass*

*ihre artikel unziemlich seien gegen gott, so mögen sie von stund an abgetan sein.*

*einer, der es hätte besser wissen müssen, hat die heilige schrift gegen sie gewendet. er war's gewesen, der sie ihnen verdeutscht hatte. und ward besser verstanden, als er aushalten konnte. nichts gezeigt und nichts bewiesen hat er, nur gewütet. da hatte es keinen weg mehr gegeben. gar keinen.*

# III.

Die Sabina kommt wieder heim. Ich hab eine solche Angst um sie gehabt«, brach es aus der Elfriede heraus, in einer atemlosen Kette immergleicher Sätze, die noch gar keinen Raum ließen für ein Wann und Woher und ein Wie – was der Elfriede auch vollkommen egal war im Moment. Die Sabina kam wieder heim, das war alles, was sie interessierte. Sie sank auf einen Holzstuhl nieder und ließ sich einen Obstler einschenken.

Die Sabina. Jüngste von fünfen. Hatte alle komplett narrisch gemacht. Erst die Mutter. Die hatte vier Jungs großgebracht, mit blauen Briefen und Raufereien und zerschossenen Fensterscheiben, aber das war im wahrsten Sinne des Wortes ein Kinderspiel gewesen im Vergleich zur Sabina. Mit dreieinhalb Jahren war sie ins Nachbardorf gelaufen, um sich selbst im Kindergarten anzumelden. Nachdem ihr die Mutter mehrfach zu verstehen gegeben hatte, die Vorschule mit fünf Jahren sei das, was ihre Brüder gemacht hätten, und die wären damit sehr glücklich gewesen, sie könne solange mit Puppenstube und Miniküche spielen, mit der Mama die Hühner füttern, Kuchen backen und gemeinsam mit ihr zum Einkaufen fahren. Das war nicht exakt das, was die Sabina wollte; es war exakt das, was die Sabina nicht wollte. Aus tiefster Erleichterung darüber, dass die Kleine den Ausflug am Grünstreifen die B96 entlang unbeschadet überstanden hatte, wurde sie nun offiziell im

Kindergarten angemeldet, tobte mit ihresgleichen durch den Garten und stellte Rekorde im Turbodauerschwingen auf, immer um die höchste Stange des Klettergerüstes herum, wohin sie es in günstigen Momenten schaffte. Die Erzieherinnen waren jeden Nachmittag froh gewesen, wenn sie sie heil wieder in elterliche Obhut geben konnten. Die Heilfroh-Sabina nannten sie das Kind.

In der Grundschulzeit wurde aus der Heilfroh-Sabina die Schu-schu-Sabina, weil sie anfing, über Silben zu stolpern und zu poltern; vornehmlich übers ›sch‹. Immerzu musste man eine Weile warten, um zu erfahren, ob sie Schu-schu-schule meinte oder die Schu-schu-schuhe oder eine Schu-schu-schubkarre. Sicherheitshalber wurde sie zu einer Logopädin geschickt, wobei herauskam, dass man nicht sicher sein konnte, ob die Sabina ein sehr spezieller Fall von klonisch-tonischem Stottern war oder sie allesamt zum Narren hielt. Es wurde noch von vielen Seiten an ihr herumgedoktert. Vielleicht, dachte man, waren ja ihre Zähne schuld. Zähne, die sich ein wenig drängelten und übereinanderschoben wie die Silben in Sabinas Mund. Eine Klammer wurde verordnet, aber sie schuschute weiter, bis in die Oberstufenklassen hinein.

Dort spaltete sie das Kollegium in die, die sie (mindestens) eine Klasse überspringen lassen wollten, und die, die dafür plädierten, sie auf eine Schule für verhaltensgestörte Jugendliche zu schicken. Als schließlich die Direktorin des Gymnasiums und ein Schulpflegschaftsvorsitzender sie in der zwölften Klasse mit der Auflage traktiert hatten, das Gelände nur nach vorheriger schriftlicher Abmeldung verlassen zu dürfen und sie als

Strafaktion für ein schönes politisches Graffito sämtliche Tische der Oberstufe abschleifen und neu lackieren lassen wollten, hatte sie sich mit einem ›Rutscht's mir alle den Buckel runter‹ gewissermaßen selbst aus der Schule entlassen.

An ihrem letzten Schultag hatte sie nicht nur ihr Abitur begraben, sondern gleichzeitig ihren Mädchentraum von einer blonden Mähne, dem sie, möglicherweise gerade weil er so gar nicht zu ihr passte, sehr lange nachgegangen hatte. Nicht wie sonst war sie aus dem Schulbus gestiegen, sondern bis in die nächste Stadt weitergefahren, hatte in den Mülleimer an der Endhaltestelle ihre Zahnklammer entsorgt, einen Afrika-Shop aufgesucht und sich in einem Hinterzimmer allerfeinste Dreadlocks zugelegt, solche, die in großen Wellen fielen, denn die ließen sich am besten genauso auftürmen, wie die Sabina sie haben wollte: kühn und überdreht, aber insgesamt von größter Natürlichkeit. Nach diesem Friseurbesuch fragten sich die Leute im Dorf, wie die Sabina eigentlich bislang ohne diese Dreadlocks, zusammengehalten mit einem Fetzen Trachtenstoff aus der Nähkiste ihrer Großmutter, ausgekommen war. Denn ganz offensichtlich brauchten weniger ihre Zähne als ihr Kopf mehr Platz.

Danach verbrachte sie ein Viertel des Tages mit Kaffeetrinken und Nachdenken, ein zweites mit ihrem Vater in Hof und Stall, ein drittes in Wald und Flur – keiner wusste genau, wo, wie und warum – und ein viertes Viertel in den Kneipen der Nachbarorte. Von dort schwappte das Gerücht ins Dorf zurück, dass die Sabina, wenn sie an einem interessiert war und er auch an ihr, sich den Gehaltszettel zeigen ließ – oder auch die Arbeitslosengeldabrechnung oder den Hartz-IV-Bescheid – und sie darauf bestand, dass die Zahlen, die über das Einkommen Auskunft gaben, geschwärzt sein sollten. Denn es war nicht das Gehalt, an dem sie interessiert war. Es war der Eintrag in der Spalte ›verheiratet/eingetr. Partnerschaft‹ und vor allem der Eintrag ›Kinder‹. Stand da eine Zahl, die höher war als null, konnte der Anwärter auf eine Liebesnacht samt Gehaltszettel gleich wieder gehen. Und brauchte auch nicht wiederzukommen. Verheiratete Männer mit Kindern waren für die Sabina tabu – hieß es. Andere keineswegs.

Keiner außer der Sabina selbst wusste, dass diese seltsame Marotte eine Reaktion auf das war, was sie als Jugendliche von ihrem Kinderzimmerfenster aus gesehen hatte. Dass im Garten der Almendingers anders als all die Jahre zuvor an keinem Abend mehr ein Tisch mit Hotdogs und Skatkarten unter den Walnussbaum geschleppt wurde. Dass der kleine Pool, den der Toni zusammengebastelt hatte, verfiel, weil keiner wusste, wie genau der eigentlich funktionierte, nur der Vater, der jetzt auf Sizilien war mit einer neuen Familie und der noch nicht mal richtig Tschüs gesagt hatte. Außerdem hatte sie gesehen, wie die drei Jungs versuchten, das Dach von der Holzbeige zu reparieren, wie ihnen alles misslang und sie schließlich das Werkzeug mitsamt der Plane in die Tonne warfen und der Jüngste die Gummistiefel vom Toni noch hinterherstopfte; weiterhin sah sie, wie das Gesicht ausschaute, mit dem die Elsbeth den Briefkasten öffnete und offizielle Umschläge herausnahm, manchmal gelbe, manchmal graue. Wie sie all dies sah, ohne es sehen zu wollen, eine stumme und beklommene Zeugin von Zusammensacken, Zerfallen und einer bitteren Einsamkeit, die sich, obwohl nur einer fehlte (aber wie sehr), zwischen die vier Menschen im Nachbargarten schob, die genau deshalb einfach nie mehr richtig zusammenfanden, obwohl sie einander gerade jetzt gebraucht hätten. Genau deshalb hatte Sabina sich damals etwas geschworen. Tatsächlich war sie da in einem Alter gewesen, in dem man sich gern etwas schwor; nur eben, dass die Sabina eine war, die einen Schwur sehr ernst nahm und gern gleich noch andere zum Mitschwören gebracht hätte.

Jahre später, als Sabina sehr erbost über eine Schulfreundin war, die eines Abends exakt das tat, was die Sabina sich geschworen hatte, niemals zu tun, die nämlich aus der Kneipe einen Mann abschleppte, der, genau wie der Toni damals, Frau und drei Kinder zu Hause hatte, und sie vorher in die Runde gewispert hatte, heute wolle sie es drauf ankommen lassen, hatte sie dagehockt, die Affäre ihrer Freundin mit warnenden und wütenden Kurznachrichten torpediert und ihren Bierkrug nach jedem Schluck mit einem solchen Wumms auf dem Tisch landen lassen, dass alle Umsitzenden zusammenzuckten, nur der Basti nicht. Basti, den sie sehr lange nicht gesehen hatte und der sie jetzt so lange ansah, wie wenn er nichts lieber tät, als ihr nahezukommen, so nah wie möglich, und den sie dann, weil es ihr wichtig war, geradheraus gefragt hatte, ob er wirklich frei sei. »Freilich bin ich frei«, hatte er geantwortet, und trotzdem hatte sie nachgehakt, ob er denn wirklich nicht Frau und Kind zu Hause hätte, und er ihr halb im Spaß und halb im Ernst seinen Gehaltszettel über den Tisch geschoben und sie halb im Ernst und halb im Spaß tatsächlich einen Blick auf die Einträge oben rechts zum Familienstand geworfen hatte, die voll und ganz das bestätigten, was Basti gesagt hatte. Da ließ sie nicht viel Zeit verstreichen – ehrlich war so erotisch, fand sie –, bis sie mit ihm gemeinsam aufbrach und sie beide einander dermaßen hellwach durch die Nacht liebten, dass sie auch den nächsten Tag noch zur Nacht machen konnten, ohne Anzeichen von Müdigkeit, nur mit einem leichten Schwindligsein, das daher rührte, dass sie sich abwechselnd in der Haut des anderen und in der eigenen wähnten, ohne jeden Übergang, so dass sich Haut, die fühlte, und Haut, die berührte, nicht mehr so richtig unterscheiden ließ; warum auch. Weil aber beiden klar war, dass diese Geschichte mehr aufs Arg-Gernhaben rauslaufen würde als aufs Füreinander-Bestimmtsein, konnte Basti von Josefine erzählen. Die hatte er nämlich noch nicht gefragt. Noch nicht einmal gesagt hatte er ihr, was sich alles in ihm geändert hatte, seit sie als Azubi der Köchin in der Kantine aufgetaucht war. Dass er sogar Avocado-Brote aß, die sie eingeführt hatte, mit Roter Bete. Wo er doch von beiden Gemüsen nur eine sehr vage und verhaltene Vorstellung gehabt hatte. Irgendwie spürte Sabina, dass vielleicht gerade diese ebenso unverhoffte wie leidenschaftliche Tagundnachtgleiche dem Basti helfen würde, sein Herz in die Hand zu nehmen und es der Josefine anzubieten. Ganz und gar. Aber zuvor ließ sie den Basti noch seine Schicht tauschen und weigerte sich, das Rollo hochzuziehen.

Ob das Gehaltszettelprinzip überhaupt jemals ein echtes Prinzip wurde oder nicht, blieb ungewiss, aber jedenfalls haftete nun, nach der Heilfroh- und nach der Schu-schu-

Sabina der Name Gehaltszettel-Sabina an ihr und war einerseits ein Ausdruck dafür, dass die Sabina große Freizügigkeit mit großer Prinzipientreue verband, andererseits und möglicherweise viel mehr auch dafür, dass man der Sabina, ihrem liebenswert-lustigen Dorfkind, das sie zuverlässig mit Gesprächsstoff versorgte, gern einen Namen geben wollte – wie einer Dorfheiligen, die alles andere als eine Heilige war. Mehr eine Schu-sch-schutz-Patronin halt.

\* \* \*

Tatsächlich war die Sabina so was von sie selbst, dass mit der Zeit die Frage aufkam, ob da überhaupt noch Platz für jemand anderen war – bis auf einmal der Andi fest an ihrer Seite war, und das sah auf eine Weise stimmig aus, dass man meinen konnte, dies sei von langer Hand vorgesehen gewesen. Denn der Andi war auch sehr er selbst. Einer, der als Kind stundenlang im Baum gesessen hatte, Zauberwürfeldrehkünstler, Meerschweinchenzüchter und Pässeradler; nicht wirklich unfreundlich, aber auch alles andere als sozialverträglich. Wenn zwei, die jeweils sehr sie selbst waren, sich verbinden und verbünden, kann das eine ziemlich große Sache sein. Und in diesem Fall war es auch so. Ein ganzes Jahr lang. Bis der Andi auf einmal nicht mehr so ganz er selbst war und meinte, Dorf sei nichts mehr für ihn, er hätt die Schinderei auf dem Hof der Eltern satt und wolle überhaupt raus aus der ganzen Scheiße. Damit war wohl nicht nur das Jauchen gemeint, sondern auch seine zunehmend ungute Verwicklung in den kindsköpfigen Diebstahl von Katalysatoren, aus denen andernorts das Platin vom Keramikkörper gelöst und zu Geld gemacht wurde – von dem ein gewisser Anteil zu ihm zurückfloss. Was als Lausbubenstreich mit einer Blechschere begonnen hatte, begann jetzt nämlich sehr unangenehme Kreise zu ziehen. So hatte er nur noch schnell seine Cannabis-Plantage abgeerntet – den Kuhdung hatte er hierfür ganz gut brauchen können, – legte sich eine neue Handynummer zu, und weg war er. Übers Jahr war er wieder da. Aber nicht auf den Hof war er zurückgekehrt, sondern direkt ins Neubaugebiet eingebogen, und zwar alles andere als allein. Eine hochschwangere junge Frau hatte er mitgebracht, die trug gebügelte Hosen, T-Shirts mit Glitzer und Ballerinas für den Weg vom SUV zu den Eingängen von Sparkasse, Apotheke und Boutique. Einen Pagenschnitt hatte sie, von der Art, wo kein Haar es wagte, aus der Reihe zu tanzen, und einen sehr stolzen Blick. Der Stolz nicht von der Ichbinwas-ichkannwas-ichwillwas-Art, sondern mehr aus der Ichhabwas-ichkennwen-ichkannmirleisten-Fraktion. Der Andi ging derweil schaffen in der Packfabrik und schien nicht unglücklich zu sein und nicht glücklich. Als ob er so erschöpft gewesen war, gut zweieinhalb Jahrzehnte lang nur er selbst zu sein, dass er jetzt fest entschlossen war, nur noch für andere zu sein; wenn's sein musste, dann eben auch für solche mit Bügelfalte, Glitzer und Babyernährungsplänen nach Frau Doktor Laiminghofer.

Ob es nun dieser Anblick gewesen war, wie ihr Freund und Liebster so ganz anders geworden war mit der anderen, oder ob es etwas noch ganz anderes war, jedenfalls ging die Sabina, ein paar Wochen nachdem der Andi ins Dorf zurückgekehrt war, ihrerseits in die Stadt.

Man hörte, sie sei ohne Abitur an einer Schule für Journalistik angenommen worden, weil sie in einer Arbeitsprobe so furios über das Zusammenleben von Menschen und Tieren geschrieben hatte; beziehungsweise über deren Auseinanderleben. Da war man in der Stadt extrem beeindruckt gewesen, aber als die Sabina sich entschlossen zeigte, weiterhin in ihrer Mundart zu schreiben, zumindest ihren Satzbau nicht einen Deut mehr, als ihr angeraten schien, in ein überpflegtes Hochdeutsch zu überführen, legte man ihr nahe, den Ausbildungsplatz wieder freizugeben. Ohne Abitur: ja. Aber nicht ohne: Hochdeutsch.

Kurz darauf hatte die Sabina eine Ausbildung beim Deutschen Roten Kreuz angefangen, das lag nämlich gleich gegenüber der Schreibschule, aber auch dieser Anlauf war nach nicht allzu langer Zeit auf ein wahres Desaster zugesteuert, und zwar buchstäblich, als man sie nämlich mit mehr als fadenscheinigen Argumenten nicht die Transporte zum Aufbau einer Hilfsstation nach Aleppo fahren ließ und stattdessen vier Kollegen beauftragte, die allesamt weniger qualifiziert waren als sie. Da habe sie, hieß es, aus dem Büro sechzehn Zündersatzschlüssel entwendet und sämtliche Siebeneinhalbtonner so hemmungslos ineinandergeschachtelt geparkt, wie sie es in einem Schiebepuzzle mit kleinen Plastikautos, das sie nächtelang mit ihren Brüdern gespielt hatte, aus dem Effeff gelernt hatte. Man munkelte, es sei am nächsten Tag eine Drohne aufgestiegen, um die Sache aus der Luft zu begutachten und einer Lösung zuzuführen.

Die Siebeneinhalbtonner wurden noch gewartet und beladen, da war Sabina schon auf dem Weg in den Nahen Osten. Sie hatte das Deutsche Rote Kreuz gegen Ärzte ohne Grenzen eingetauscht und Aleppo gegen Idlib. Auf ihre Aufgaben im Krisengebiet: halb Kriegsberichterstatterin, halb Krankenschwester, perfekt vorbereitet durch die Waghalsigkeiten ihrer Kindheit, ein (abgebrochenes) Journalistik-Studium und eine (vorzeitig beendete) Rettungsdienstausbildung.

Das war vor achtzehn Monaten gewesen. Kurz danach war der Egon ins Pflegeheim gekommen, und die Elfriede wusste nicht, um wen sie sich die meisten Sorgen machen sollte, abends, wenn sie im Bett lag und nicht einschlafen konnte. Um den Mann oder um das Kind. Worüber sie am meisten weinen sollte. Über die Krankheit oder über den Krieg. Bis sie morgens beim ersten Lichtschein dieser Qual ein Ende bereiten konnte, barfuß durchs Gras ging und im taufrischen Morgen wieder Vertrauen in die Welt fasste. Zu Recht. Denn jetzt kam die Sabina wieder. Eine solche Angst hatte sie um sie gehabt. Eine solche Angst.

Mit dem Rucksack vom Bahnhof war die Sabina zweieinhalb Kilometer heimgelaufen und im Haus ihrer Eltern verschwunden. Sie war wieder da; aber man sah sie nicht. Und selbst wenn man sie gesehen hätte, man hätte sie kaum erkannt. So raspelkurz waren die aschblonden Haare jetzt, dass man die Narbe vom Schaukelsturz vor vierundzwanzig Jahren in voller Länge sah. Weder Haut noch Haar hatten noch irgendetwas von der Frische, mit der die Sabina das Dorf aufgemischt hatte. Sie saß hinterm Haus, rauchte und sagte nichts, fast nichts. Wenn man sie etwas fragte, blies sie Kringel in die Luft, schnippte die Asche ins Kräuterbeet und sagte allenfalls so etwas wie »Ja, weißt…«. Mehr war aus ihr nicht rauszubekommen.

Immer wieder versuchte es die Elfriede. Versuchten es auch die Nachbarinnen mit kleinen Fragen und Gesten. Aber die Sabina war erst halb da. Oder auch gar nicht. Oder auf andere Weise da oder einfach doch noch ganz woanders. Bis sie eines Tages mehr als zwei Wörter sagte, und zwar als bei der Elfriede gekocht worden war, die Sabine desinteressiert ein Schüsselchen von der Gerstensuppe (mit jungen Brennnesseln und Knoblauch) genommen und sich damit abseits hingehockt hatte. Man war ihr so unauffällig wie möglich auf die Terrasse in die Spätsommersonne gefolgt und sprach darüber, wie sich eigentlich Rezepte und Anzahl potenzieller Mittagesser hochrechnen ließen, mit anderen Worten: wie sich kochend flexibel halten, ohne jemanden hungern zu lassen und ohne zu viele Reste zu produzieren? Franzi stritt sich darüber pro forma ein wenig mit der Aloisia und wagte sich dann vor. Sie und Sabina hatten immer einen guten Draht zueinander gehabt.

»Gell, Sabina, du hast doch da drunten gekocht, in einer Feldküche, so heißt das doch, ja? Wie habt's denn das geplant? Von den Mengen her?«

»Zuerst«, antwortete Sabina nach einer Weile, »müsst ihr schauen, wie viele es bis zu euch schaffen, es können täglich mehr werden. Tausende mehr.«

Stumm sahen sich die Frauen an. Ihr Fünfhundert-Seelen-Dorf im Allgäu hatte mehr Zuzug als gedacht, das ja, aber nicht in dieser Dimension.

»Tausende ...«, wiederholte Sabina und ließ ihren Rauch kringeln. Genau wie der Egon es zeitlebens getan hatte, dachte Elfriede – und erschrak sich: Warum hatte sie denn jetzt ›zeitlebens‹ gedacht – als wäre seine Zeit schon abgelaufen. Dabei war er doch noch am Leben –

wenn er auch seinen Tabak nicht mehr haben durfte. Den hatte man ihm im Pflegeheim gleich am ersten Tag entzogen. Warum denn bloß?, fragte sich Elfriede immer wieder. Als wären dies die einzigen Worte, die in Sabinas Rauchkringeln hingen: Warum denn bloß? Warum denn bloß?

Im Pflegeheim hatte die Elfriede nur genickt, als Schwester Irene ihr die zwei Schachteln Zigaretten, die beim Egon im Koffer gewesen waren, zurückgab und einen Vortrag gehalten hatte, in dem Lungenkrebs und Flächenbrand nahe zusammenrückten. Ohnmächtig und voller Angst, einen Pflegeplatz wieder zu verlieren, den sie so dringend brauchten, hatte sie nur genickt und nicht darum kämpfen können, dass der Egon weiterhin seine Kringel rauchen durfte. Sie wusste nicht, dass, wenn jetzt die Sabina ihren Vater besuchte, sie ihn an Schwester Irene vorbeischob, einfach so, ohne mit der Wimper zu zucken, aus dem Garten hinaus, bis ganz nach hinten zur Hecke, und dann durch das kleine, fast zugewachsene Törchen hinaus am Bach entlang; alles, ohne den Egon ordnungsgemäß vom Gelände abgemeldet zu haben. Dass sie ihn weiterschob, bis man die Berge sehen und der Egon sie hererzählen konnte: den Grünten, den Hochvogel, den Schneck und den Wilden Mann ... Die konnte der Egon alle noch gut sehen, und falls er sie nicht wirklich sehen konnte, wusste er jedenfalls genau, wo und wie sie im Prinzip zu sehen waren. Und außerdem konnte er der Sabina ein ums andere Mal genau sagen, wie man dort am besten aufsteigen konnte: vom Kalten Brunnen im Zickzack über den Ostkamm aufs Übelhorn im Falle des Grünten; am Steigbach zur Hölzernen Kapelle und weiter links bergan und zur Alp und über die Weiden zum Gipfel im Falle des Mittag. Und was man machte, wenn's Wetter plötzlich umschlug, und welche Hütten man auf welcher Abkürzung ansteuerte, etwa am Bockkarkopf: von dort aus nordwestlich ins hintere Bockkar, an der nördlichen Kammseite vorbei, eine Stunde abwärts zum Waltenbergerhaus – »da kommt und geht alles mit dem Hubschrauber, Sabina«. Im Falle der Hornbachkette von der Elbigenalp in drei Stunden zur Hermann-von-Barth-Hütte: »Da hat's auch im Winter immer einen Schlafplatz.« Dem Egon war es wichtig, dass die Sabina das wusste und nie vergessen würde. Denn es war alles, was er als alter Bergwachtler und Vater noch für sie tun konnte. Die Sabina hörte aufmerksam zu und gab ihm zu rauchen. So viel und so lange, wie er wollte.

Das alles wusste die Elfriede nicht – oder wusste es vielleicht doch oder ahnte es zumindest. Während sie in den Tabakrauch starrte, war Sabina wieder verstummt.

»Dass du halt immer noch etwas hineinrühren kannst, meinst das?«, knüpfte Franzi nach einer Weile an.

»Wennst was hast«, meinte die Sabina, stand auf und holte sich eine neue Schachtel Zigaretten und zog sich in eine andere Ecke des Gartens zurück. Nicht mehr ansprechbar.

»Dass sie jetzt raucht ...«, sagte Elfriede, voller Sorge in der Stimme, als sie ihre Mittagsgäste im Flur verabschiedete.

»Lass sie rauchen«, meinte Resi.

»Pass halt auf, dass sie auch was isst«, sagte Franzi.

»Die hat für zu viele gekocht«, sagte Liliane. »Da hat sie selbst nichts mehr abgekriegt.«

»Oder hat selbst nix mehr wollen«, überlegte Johanna.

Während Elfriede eine Portion Suppe in einen Thermosbehälter füllte, für den Egon, überlegte sie, wann genau ›viele‹, ›zu viele‹ waren. Zu viele konnte und durfte es ja eigentlich nicht geben. Zu viele, das musste doch immer in viele runtergerechnet werden, und zu wenig in wenig. Und vielleicht war genau das auf Dauer einfach zu viel gewesen, für die Sabina, überlegte sich die Elfriede.

Den Rest Suppe ließ sie in einem kleinen Topf auf dem Herd stehen. Vielleicht würde die Sabina doch noch mal einen kleinen Nachschlag nehmen. Suppe war ja das Einzige, was sie aß. Offenbar hatte sie so schwer an etwas zu kauen, dass sie daran vorbei nur Suppe hinunterbekam. Oder es hatte dort nur Suppe gegeben. Wenn immer noch jemand mehr satt werden musste, ging das nicht aus vier verschiedenen Töpfen mit Salatgarnitur und Dessert. Das ging nur aus einem. Strecken und verlängern. So stellte die Elfriede sich das jetzt vor und wollte und konnte sich dabei nicht mit vorstellen, dass man auch mit strecken und verlängern je an ein Ende kommen würde.

\* \* \*

Franzi hatte nach diesem Gespräch mit der Sabina, das man kaum ein Gespräch nennen konnte, zu Hause lange auf ihrer Liege im Gartenhäuschen gelegen, den Amseln zugesehen und dabei in eine ganz ähnliche Richtung gedacht wie Elfriede.

Wenn viele satt werden müssen, sollte man lieber nicht in den Topf schauen, wie wenig darin ist, lieber darauf vertrauen, dass sich immer noch was findet, was sich einbinden ließ, wie mit dem Faden bei den Säligen

Fräulein: Er endet nicht, solange man nicht ins Kästchen schaut. Man muss die Sache in Gang halten, einfach in Gang halten. Und so musste man, dachte Franzi, im Grunde auch die Sabina in Gang halten oder, besser gesagt, wieder in Gang bringen, dass sie nicht immer nur dasaß und rauchte. Aber nicht zu schnell und nicht zu viel. Gerade so viel, dass ihr trotzdem genug Zeit zum Sitzen und Rauchen bliebe. Genau in dieser Weise müsste die Sabina eingebunden werden. Soweit sich eine wie Sabina einbinden ließ. Etwas Suppe, etwas Arbeit, etwas Tabak. Das wollte sie gleich morgen mit den anderen Frauen besprechen.

Als man gut eine Woche später wieder bei der Elfriede in der Küche saß, wurden der Sabina die Pläne vom Umbau des Rössle in eine offene Dorfküche für Gäste aller Art gezeigt: »Schau, Sabina, wie würdest du die Sitzplätze aufteilen?«, und die Sabina beugte leicht, ganz leicht, ihren Rücken über die Rücken der Frauen, sah auf die Papiere, drehte dann den Kopf wieder zur Seite, schnippte die Asche in ein Wasserglas (was ignoriert wurde) und antwortete – dann doch:

Sie würde die Tische halt so aufteilen, dass jemand mit Krücken oder im Rollstuhl gut überall hinkommt: »Überlegt's euch, ob ihr nicht auch Platz für Kinderwagen braucht und überhaupt einen Platz für Kinder, Plätze besser gesagt, niedrige Tische und Stühle, und eine Spielecke.«

Sabina schien genau an das zu denken, woran sie selbst nicht dachten. Franzi zeichnete die Stühle und Tische neu ein. In der darauffolgenden Woche wollte man ja schon mal mit dem Möbelrücken beginnen.

Leni Möllthaler, ihre Bürgermeisterinwunschkandidatin, hatte den Frauen dazu geraten. Mit einer der Mitbesitzerinnen des Rössle, der Angelika, war sie zusammen zur Schule gegangen, und neulich hatte sie die beim Pilates einfach mal angesprochen und bei ihr Sympathie und Zustimmung geerntet für das Küchenprojekt – solange die Gemeinde weiterzahlen würde. Das schien insgesamt eine gute Basis zu sein. Für einen guten Zweck musste man ihrer Meinung nach nicht auf jeden Stempel warten. Sie würde die Sache nebenher im Blick behalten. Und der Leni, die ja gar nicht selbst Bürgermeisterin werden wollte, ja, die noch nicht mal wollte, dass ihr Mann Bürgermeister werden wollte, trauten sie alle zu, dass sie neben dem Auge aufs Braunvieh und dem auf die Bienen auch noch ein drittes auf die Offene Küche und die Schreibtische der zuständigen Behörden haben würde.

\* \* \*

In der Woche drauf wurde die Sabina mit in den Rössle-Gastgarten genommen und mit Geschichten aus früheren Jahren gefüttert – in der Hoffnung, dass sie sich an sich selbst als ein wildes, glückliches Kind erinnern und dadurch einen Vitalitätsschub erfahren würde. Der blieb aus, aber manchmal lächelte sie und erzählte eine Anekdote zu Ende. Mit wenigen Worten; immerhin.

Genau wie die Franzi es sich gedacht und sie es den anderen Mittagesserinnen vorgeschlagen hatte, kam die Wiedereingliederung der Sabina langsam in Schwung, sobald man sie etwas machen ließ. Etwas Einfaches, um nicht zu sagen Stupides; etwas, das von Rauch- und Denkpausen nicht beeinträchtigt wurde: Kartoffeln schälen für einen Eintopf, Gemüse putzen für eine Quiche, abschmirgeln eines Regals. Die Sabina begann als eine Art Küchenhilfe in den Häusern der Frauen ein und aus zu gehen und im Rössle als Handwerksgehilfin tätig zu sein. Die Haare wurden länger, schon ringelten sie sich wieder im Nacken, fielen in die Stirn. Sie band sich ein Tuch um und begann Ähnlichkeit zu bekommen mit der Sabina von früher. Aber warum es nur Ähnlichkeit gab, warum Sabina nicht einfach als Sabina wiedergekommen war oder einfach wieder ganz zur Sabina wurde, das blieb verborgen. Darüber ließ sich nicht sprechen: »Sabina, erzähl doch mal. Wie ist es dir ergangen?« – das wagte niemand.

Bis jemand im Dorf auftauchte, genauer gesagt, im Rössle, und noch genauer in dessen Küche, wo Sabina und Esma gerade eine Wand kalkten, während Franzi eine Halbgardine ausmaß; jemand, der genau diese Frage stellte: ›Wie geht es dir?‹ – aber offensichtlich in Form der direkten Übersetzung eines Grußes aus seiner englischen Muttersprache, auf die eine Antwort zu erhalten ihn sehr gewundert hätte. Der, der dies fragte, war kein Geflüchteter, jedenfalls nicht im gängigen Sinne des Wortes, obwohl er mit Geflüchteten zusammen nach Süddeutschland gekommen war, auf jener Route, die man seit Kurzem die östliche Mittelmeerroute nannte und zeitnah zu sperren gedachte. Als könne man nur sperren, was einen ordentlichen Namen trug.

Für den frischgebackenen Quartiersmanager Bartholomew Bensal-Owner war es weniger eine Route gewesen als ein Weg, und zwar einer, auf dem er sich ein modulares Arabisch zugelegt hatte, das für eine kurzsatzige Schnellverständigung reichte – wie auch umgekehrt sein Name eine sehr nützliche Verkürzung erfahren hatte, indem man sich der einfachsten Silbe daraus bediente: Ben.

Im Rössle und im Amt war man sehr zufrieden mit diesem Ben. Die Kunde davon, wie er, als an seinem zweiten Tag im Dienst ein Rohrbruch Teile des Hofes unter Wasser gesetzt hatte, mit der zuständigen Firma telefonierte, sich währenddessen jedoch alle verfügbaren Spaten geschnappt und verteilt hatte, dabei selbst kräftig anpackend, um das verzinkte und dennoch korrodierte Stahlrohr freizulegen, dabei das unterspülte Gelände fachgerecht abstützte und zudem, als die Rohrschlosser eintrafen, gerade dabei war, ein in Harz getränktes Tischtuch um die aufgeplatzte Stelle zu wickeln, sodass dann zunächst gar nichts mehr oberdringlich war und man doch erst einmal Butterbrot und Tee auspacken und sich stärken konnte, bevor man mit einer Manschette dem Rohr zu Leibe rücken würde, dies war im Dorf nicht ohne Wirkung geblieben.

Als ebendieser Ben jetzt in der Küche auftauchte, weil er Wind davon bekommen hatte, dass da einiges vor sich ging, schüttelte er Esma, Franzi und Sabina die Hand und fragte jede Einzelne mit dem ungewollten Nachdruck eines Handschlages, von der Art, der auch zur Bekräftigung eines Vertrages taugen mochte, »Wie geht es dir?« – was keine der drei beantwortete. Aber wie es Sabina ging, sah er auch so. Er kannte diesen Blick, diese Müdigkeit, die nicht auf Tätigkeit folgt, sondern auf Schrecken – und zwar nicht auf einen einzelnen Schrecken, wie vergangen auch immer der sein mochte. Da hatte sich ein vervielfältigter Schrecken, ein Schreckenprisma festgesetzt. In der Inflation des Schreckens, hatte Ben gelernt, wussten Blicke nicht mehr, wohin, und begannen sich in sich selbst aufzulösen wie bei waidwunden Tieren. Menschen, die dies erfahren hatten, auch dies hatte Ben gelernt, zogen einander an wie Magnete. Deshalb musste er davon ausgehen, dass auch Sabina Anzeichen davon sah, was ihn in seinen Träumen heimsuchte.

»Das ist die Küche?«, fragte Ben.

»Könnte Küche sein«, antwortete Esma.

»Es fehlt eine Geschirrspülmaschine«, meinte Franzi und deutete auf den leeren Platz, wo einmal eine gestanden hatte.

»Wir brauchen eine Genehmigung«, sagte Sabina.

›Genehmigung‹ war unter den ersten zehn Wörtern gewesen, die Ben in seinem Kurs ›Deutsch für Geflüchtete‹ gelernt hatte. Und das erste von sehr vielen -ung-Wörtern, die mit ihm in Zusammenhang standen. Genehmigung war, wenn etwas klappte; Genehmigung trug einen Stempel; Genehmigung war ein Wort mit einem ganz kleinen offiziellen Lächeln.

»Wer gibt die Genehmigung?«, fragte Ben.

»Die Gemeindeversammlung«, sagte Sabina.

»Der Bürgermeister«, meinte Franzi.

»Du«, sagte Esma und lächelte.

\* \* \*

Ben hatte nur mal kurz in der Küche vorbeischauen wollen, um sich selbst ein Bild von den Vorgängen dort zu machen, und nun wurde er derart in die Pflicht genommen. Und auch wenn sie gelächelt hatte, kannte er Esma inzwischen gut genug, um zu wissen, dass sie ihn nicht so schnell aus der Verantwortung entlassen würde, hinsichtlich dessen, was sie, weiß der Himmel, warum, als seine Aufgabe ansah und die möglicherweise doch sehr viel eher die der Gemeindeversammlung oder des Bürgermeisters war. Wieder einer von diesen Momenten also, in denen er dachte: ›Was mache ich hier eigentlich?‹ Schon zu Hause, in North Northumberland, jenem dünn besiedelten Grenzgebiet zwischen England und Schottland, mehr ein Niemandsland als ein Landstrich, hatte er in solchen Versammlungen am liebsten ganz am Rande gestanden und am allerliebsten nichts gesagt; gar nichts.

Und jetzt also sollte er aufstehen und alles, was er in keinem *community meeting,* in keiner *neighbourhood assembly* getan hatte, in einer ihm noch immer ziemlich undurchsichtigen Sprache und einer ihm immer noch ziemlich undurchsichtigen Bürokratie tun. Hatte er zu Hause allenfalls einen Arm gehoben oder nicht gehoben, sollte er ausgerechnet hier, in der Fremde – einer Fremde, die gerade dabei war, Fremde aus jeweils sehr unterschiedlichen Fremden aufzunehmen, sollte er also in dieser hochpotenzierten Fremde argumentieren, warum man einen Arm heben oder nicht heben sollte. Er schüttelte den Kopf – und ging seine Quartiersliste mit ›Ansprechpartner*innen‹ durch. Er telefonierte und erfuhr, dass für den übernächsten Dienstag eine ›Aussprache‹ zum Thema ›Offene Küche‹ angesetzt war. Und dass er, Ben, auf jeden Fall eine Redezeit bekäme, im Rahmen einer ›Anhörung‹.

Einerseits alarmiert über das Wort ›Redezeit‹, andererseits geradezu erleichtert darüber, mit dem Wort ›Anhörung‹ wieder auf der halbwegs vertrauten ›ung‹-Ebene angekommen zu sein, legte er auf und überlegte sich, dass die Sache selbst letztlich leicht zu argumentieren sein würde. Denn wer würde eine Essenslieferung befürworten, wenn es eine große helle Küche mit nahezu allem Drum und Dran gab, Gasträume mit ausreichend Tischen und Stühlen noch dazu. Wo nur die Geschirrspülmaschine fehlte – die sich mit einem Klick im Netz organisieren ließe. Insgesamt würde diese Lösung ja einen Haufen Geld sparen. Ben sah null Probleme.

Zwei Wochen später sah er in der als Ortstermin anberaumten Gemeindeversammlung, einander gegenübersitzend, zwei lange Reihen verschlossener Gesichter und schrieb innerlich die Offene Küche ab.

Es handelte sich hier einesteils um Leute, die sich seit Langem schon räumlich so auseinandergesetzt hatten, dass sie sich fortan möglichst wenig auseinandersetzen mussten, und jetzt sollten sie sich auch noch mit Menschen, die keine Ahnung davon hatten, wie hier mit Räuspern an den richtigen Stellen und Pfeifestopfen im richtigen Moment die Dinge mehr oder minder wortlos ausgehandelt wurden, ins Einvernehmen setzen.

Andernteils handelte es sich um Menschen, denen ein Wort wie Großküche doch sehr nach Lageressen klang, dem sie gerade entkommen waren; es klang einfach zu groß, um bekömmlich zu sein; es roch nach heißen Dämpfen, Arbeitsbelastung und nach der schlimmsten Stufe von Ausbeutung; nach Frühkapitalismus; nach Tellerwäscher-Legende. Die Menschen, die hier gestrandet waren, wollten Autos reparieren oder Websites programmieren oder ein eigenes veganes Restaurant eröffnen. Großküche klang nicht nach Zukunft, es klang nach Rückschritt und falscher Richtung. Wenn nicht gar nach einem miesen Trick.

Nach der dürren Eröffnungsrede des Bürgermeisters

Max Brugger, die wenig Zweifel daran ließ, dass er die Sache, vom Ansatz her gut, dennoch für eine Schnapsidee hielt, hatte sich Ben seinem Übersetzungsauftrag gemäß an die Bewohner des Rössle gewandt, gestikulierte in sparsamer, aber entschiedener Weise, bis man langsam nickte und sich im Raum umblickte. Dies war ungefähr der Zeitpunkt, an dem man im deutschsprachigen Teil der Versammlung unruhig wurde.

Was erzählte er ihnen denn bloß? Kurz bevor die Unruhe ein kritisches Ausmaß erreichte, wandte sich Ben zur anderen Seite und sagte genau drei Sätze: »Sie sind dabei. Ich werde euch helfen. Jetzt gibt es kein Zurück.«

Die Menschen, an die er diese Worte richtete, waren solche Ansagen noch nicht einmal von ihrem Parteivorsitzenden gewohnt. Aber von dort gab's ja auch selten derart konkrete Pläne, sondern meist nur die Vorstufen von konkreten Plänen, Versprechen und Wahlkampf. Hier jedoch ging es ums Rössle, inmitten ihres Dorfes, das eigentlich gar keine Mitte mehr hatte, wie man zugeben musste. Und von dem man sich, wenn es denn lief, wie es angeblich laufen sollte, immerhin versprechen konnte, auch mal wieder ein Bier im Gastgarten trinken zu können – wo es halt immer noch am besten schmeckte. So wurde insgesamt nicht viel gesagt, obwohl man eben noch, vor der Tür, in einer Art Vorversammlung einander bekräftigt hatte, was man nicht alles sagen wollte, aber hallo! Und dass die sich dort drinnen auf was gefasst machen könnten und dass sie sich keinesfalls überrennen lassen wollten von diesen Traumtänzern, die meinten, sie könnten die Welt retten. Jetzt sagten sie nichts von alledem, sondern nickten und blickten verhalten umher, in etwa der gleichen Weise wie die jetzigen Bewohner des Rössle, nur nicht auf Arabisch, sondern auf Allgäuisch. Letztlich gab es für Ben nicht mehr viel zu übersetzen.

»Hammer«, meinte Brugger junior, der seinen Vater auf die Sitzungen begleiten musste, um die Fußstapfen auszumessen, in die er treten sollte. »Auf diese Weise könnten wir ja auch den Flüsterasphalt auf der Autobahn vorm Dorf durchsetzen.«

»Und die Grundschule vor Ort«, schaltete sich die Schriftführerin Monika Wildgruber ein, »die steht ja leer. Und ich würd meine Enkel lieber ums Eck schicken als mit dem Bus zehn Kilometer über die Autobahn, die Butzele, um sieben in der Früh ...«

»Pack'mas«, sagte Brugger senior. Nicht dass ihm die Projekte hier über den Kopf wachsen würden oder am Ende gar noch mit ins Protokoll kämen. Flüsterasphalt. Zwergenschule. Sonst noch was. Er sah die Schriftführerin warnend an.

Weder Flüsterasphalt noch Zwergenschule kamen ins Protokoll, aber dafür hatte die Moni sich die Freiheit genommen, mit dem Kuli zwei Wörter dick zu umkreisen: Offene Küche. Sodass es zumindest auf diesem Papier fast schon wieder wie ein Wirtshausschild aussah.

Die Versammlung trollte sich vom Gasthaus, das erst wieder ein Gasthaus werden sollte, ins Sportlerheim, das diese Aufgabe zwischenzeitlich übernommen hatte. Zwischenzeitlich hieß in diesem Fall: seit etwa zwanzig Jahren, und nur am Wochenende. Der Pächter war nicht böse, dass er demnächst entlastet werden würde. Denn zu mehr als Pommes rot-weiß, Würstchen aus der Dose und Kartoffelsalat vom Großmarkt hatte es sowieso nicht gereicht, und die Logistik, eigentlich einmal ausgelegt auf

Bier, Schnaps, Spezi und Schokoriegel, war bereits hart an den Rand des Machbaren gekommen.

Franzi, die nach der Stickigkeit des Saals die frische Abendluft genoss und beschloss, ihr Rad vom Rössle zum Sportlerheim zu schieben, um die Zeit unter freiem Himmel zu strecken, schnappte auf ihrem Weg Gesprächsfetzen auf, die ihr den Eindruck vermittelten, dass alles, was gerade stattgefunden hatte und beschlossen worden war, doch noch etwas gewöhnungsbedürftig war.

»Ja, wer hätte das gedacht, dass jetzt bei denen für uns gekocht wird?«

»So kannst das auch nicht sagen: bei denen. Das Rössle gehört schon noch zu uns.«

»Aber bei denen wird jetzt gekocht; hast das nicht verstanden?«

»Mit denen, nicht bei denen.«

»Aber auch für uns.«

»Für alle. Für alle, die wollen.«

»Für alle, die mittags Hunger haben.«

»Also auch für die.«

»Jetzt hast's verstanden.«

Jedenfalls, fand Franzi, klang das alles, auch wenn es noch sehr tastend war, schon viel besser als das, was sie neulich beim Brotholen einmal mehr und einmal zu viel gehört hatte, dieses »bei denen dort«, aus den Mündern einer Handvoll Kurgäste, die sich zum zweiten Morgenkaffee auf den Draußen-Stühlen der Bäckerei zusammengefunden hatten: die Männer in Rindslederjacken, die Frauen in Kaninchenfellwesten, ihre Chihuahuas in Strickpullovern.

Während die Verkäuferin ihr den halben Frankenlaib

durch die Schneidemaschine und die Brezen in die Tüte schob, hatte die Franzi genau gehört, was in ihrem Rücken, an dem kleinen Tischchen gesagt wurde: dass die Flüchtlinge dort hingehen sollten, wo sie hergekommen waren. Dass sie jetzt schon die Gasthäuser belagerten, in denen deutsche Gäste nicht mehr ihr Schnitzel bekommen würden. Eine Sauerei ist das, sagten sie und fügten hinzu: auf Deutsch gesagt und sagten dann auch noch auf Deutsch, dass man ja hier nichts mehr sagen dürfte. Als hätte es die letzten zwanzig Jahre, bevor Esma und Menschen wie Esma hierherkamen, in den Wirtshausruinen ihrer Dörfer Schnitzel gegeben, dachte die Franzi. Als hätten die Gasthäuser nicht alle reihenweise dichtgemacht, weil die Gäste ausblieben, die Personalkosten zu hoch, der Gewinn zu gering, die Arbeitszeiten zu lang waren. Und überhaupt: wohin zurück? Und als hätten diese Kurgäste ihr die Esma schon persönlich weggenommen und in den Zug zurück in den Krieg gesetzt, hatte die Franzi eine solche Wut bekommen, dass sie, die im Leben noch nie unbedacht Geld ausgegeben hatte, die es im Gegenteil gewohnt war, sich sehr genau zu überlegen, wer wie wo wann bezahlt, damit alles im Lot blieb, nicht zu viel und nicht zu wenig, damit sich niemand genötigt fühlt und niemand blamiert, einfach die Rechnung für die »Herrschaften« mitbezahlt, ihnen den Bon aufs Tischchen gelegt und gesagt: »Weil's gar so arm dran seid's wegen all der Flüchtlinge, nicht, dass's verhungern müssen.« Hatte in die wohlgenährten und überpflegten Gesichter geschaut, auf die Chihuahuas, die sich auf den Schößen der Frauchen aufrappelten, weil sie spürten, dass hier etwas vor sich ging, was ihre nervöse Wachsamkeit verlangte, hatte sich Brezen und Brot gegriffen und war aus dem Laden gegangen. Hinterher hatte sie sich über die acht Euro neunzig geärgert. Erst als sie bei der Stromrechnung ziemlich genau diese Summe erstattet bekam und ihr die Bäckereiverkäuferin beim nächsten Einkauf mit einem Augenzwinkern ein Stück Nusszopf extra einpackte, konnte sie sich auch über die Sprachlosigkeit, die sie hinterlassen hatte, freuen.

Und jetzt freute sie sich darüber, wie man hier im Dorf miteinander redete. Schon ein bisschen anders nämlich.

\* \* \*

Sabina hatte sich während der Rössle-Versammlung gegen eine Wand gelehnt und zugehört. Sie hatte nicht gelächelt, nicht die Stirn gerunzelt, aber ihr Blick war auch nicht nach innen gekippt, wie so oft, sondern suchte und fand Bens erleichtertes Gesicht. Ohne einander zu fragen, ohne Zögern, ohne die geringste Verlegenheit, aber auch ohne miteinander gesehen zu werden, verließen sie den Saal, fuhren in Bens Quartiersmanager-Kombi auf der Landstraße Richtung Süden. Weil es schön war, den Abendstern vor sich zu haben. Weil es wohltat, durch die Nacht zu fahren, ohne Angst vor Hinterhalt und Tellerminen. Weil hier allenfalls ein Rotwild aus dem seitlichen Dunkel sprang, fuhren sie noch weiter, dorthin, wo es auch spätabends noch voll war, wo es immer noch eine Brotzeit gab und einen selbst gemachten Wacholderschnaps, wie in dem Wirtshaus an der Landstraße, das für seine lange Tradition warb: ›des hom mir allat scho so dong‹. Nachdem Sabina für Ben die Laute dieses Schriftzuges in Silben und Silben in deutsche Wörter, deutsche Wörter in englische und englische Wörter in eine englische Redensart übersetzt hatte: ›it has always been like this‹ –, fing sie an zu lachen und sagte: »Das wär was für die Franzi – die tät das glatt umschreiben: ›des hom mir allat scho anderscht dong‹«.

»Du meinst, weil sie den Sinn für, wie sagt man? Umwend*ung* hat?«, fragte Ben.

»Ja, der kannst mit ›so war's, so muss es bleiben‹ nicht kommen«, antwortete Sabina.

Sie zogen weiter, in die Stadt hinein, in einen Irish Pub, wo sie feststellten, dass geröstete Gerste sich mit dem Rest Wacholder auf der Zunge ausgezeichnet vertrug.

Dort blieben sie. Sie sprachen nicht viel. Sahen einander, während sie ihre Gläser ergriffen, kurz in die Augen, bevor sie es wieder auf das Szenario richteten, das sich vor ihnen abgespielt hatte: junge Menschen, nicht anders als sie selbst. Doch, sie waren anders. Die Selbstverständlichkeit, mit der sie lachten und einander aufzogen, mit der sie zum Besten gaben, was ihnen die Woche geboten hatte: der platte Reifen des Malermeisters, der mit dem Moped des herbeizitierten Lehrlings doch noch pünktlich zu einem wichtigen Auftrag kam – den Pinselkoffer zwischen den Knien, die Leiter auf den Rücken geschnallt: »Wie einer dieser vietnamesischen Packkünstler, habt ihr schon mal gesehen, oder?« Das unerwartete Ende einer Netflix-Serie: »Ey, die beiden passen doch gar nicht zusammen.« Die Katastrophe im Leben einer gemeinsamen Bekannten, die einen Studienplatz in Freiburg statt in München bekommen hatte. Dort hätte sie in die Wohnung ihrer Tante ziehen können. »Sie ist völlig fertig, nur am Heulen. Die Arme.« Das Tor des Monats und die neuesten Pasta-Rezepte. Bis sie nach und nach einander auf die Schultern klopften, sich umarmten, küssten und zum Abschied die ganze Familie grüßen ließen. Jemand zog seine Autoschlüssel aus der Hosentasche. »Kann ich wen mitnehmen?« Die Freundlichkeit des Friedens. Die Umsicht und Vernunft eines alkoholfreien Weizenbiers.

Schließlich waren sie die letzten Gäste. Der Barkeeper, mit jener Art ausdruckslosem Gesicht, bei dem man nicht sicher sein konnte, ob sich dahinter wirklich nichts außer rechtschaffener Müdigkeit verbarg oder hochintensive Gedankenexperimente, polierte Gläser und machte keinerlei Anstalten, sie aus ›The Green Belt‹ hinauszukomplimentieren.

»Hast du gut gemacht«, meinte Sabina. Das war ihr erster Kommentar zu der abendlichen Sitzung, der offenbar ungewöhnlichsten seit jener legendären Versammlung, in der mit zwei rechtzeitig aus dem Hut gezauberten Gutachten der Bau einer Mülldeponie, die schon fast eine vollendete Tatsache gewesen war, doch noch verhindert worden war. Hier nun war auf spektakuläre Weise etwas nicht verhindert worden.

»Du auch«, antwortete Ben.

Sabina schaute ihn fragend an.

»Dass du dort warst und wieder zurückgekommen bist.« Offenbar war Ben in Gedanken dahin zurückgewandert, von wo es ihn in einer Woge von flüchtenden Menschen hierhergetrieben hatte.

»Du auch«, meinte Sabina nach einer so langen Pause, dass nicht mehr klar war, ob es bloß ein nachdenkliches Echo oder der Ausdruck eines neuen Gedankens war.

»We are die hards«, meinte Ben, als sie allein mit dem Barkeeper zurückgeblieben waren. Er hatte die Sprache gewechselt. Weil er nicht wusste, wie sich ›die hard‹ ins Deutsche übersetzen ließ. Die langsam Sterbenden? Dieser abgewetzte Kneipenspruch, in dem existenzielle Düsternis in heiterste Geselligkeit umgewendet wurde. Noch da sein. Immer noch da sein. Zumindest heute noch.

»Are you?«, fragte Sabina zurück, indem sie das ›we‹ in eine Fragende und einen Antwortenden aufspaltete und damit ein Gespräch einleitete, in jenem einfachen direkten Englisch internationaler Hilfsorganisationen, das sich nicht übermäßig mit Höflichkeiten aufhielt, sondern aufs Wesentliche zielte. Und zum ersten Mal, seit Bartholomew Bensal-Owner vor dreieinhalb Jahren aus North Northumberland aufgebrochen war, begann er von dort zu erzählen, von der Zeit, als es dort noch eine Familie gegeben hatte. Die Bensal-Owners. Nicht begütert, aber ein Gut hatten sie doch, auch wenn es zu erheblichen Teilen einer Bank gehörte. Eine Mutter, deren unerschütterlicher Frohsinn bis zuletzt dem Tod die Stirn geboten hatte, als hätte auf dieser Stirn geschrieben gestanden: »Du kriegst mich nicht« oder »Spinnst du?« oder »Hinweg mit dir!«

Und wie dann die Bensal-Owners, als sie diese Stirn so blass und glatt gesehen hatten, so unbewegt und kühl, dass sie jedes Vertrauen und allen Mut verloren hatten, irgendetwas und irgendjemandem überhaupt noch die Stirn zu bieten, und auf dem Hof alles den Bach runterging, im wahrsten Sinne des Wortes: den Bach runterging. Die Entwässerungsrohre setzten sich zu und brachen, die Brunnen verschlammten und versiegten; ein entsetzliches Spiel von Flut und Dürre nahm seinen Lauf, und drei Brüder, einander ähnlich wie Drillinge, angesichts des langen dunklen Haupthaars und der Vollbärte, die nicht viel Vergleichsfläche übrig ließen, allerdings im Abstand von drei Jahren und fünf Jahren geboren: John, George und Bartholomew, kamen diesem Lauf nicht mehr hinterher.

Dennoch hatte Weggehen sich verboten. Wohin auch? Allein die sporadischen Stadtausflüge und Markttage waren eine Herausforderung. In der Stadt fühlten sich die Bensal-Owners verloren, sie wussten nichts zu sagen, bewegten sich ungelenk durch die Straßen und hatten doch die quälende Sehnsucht, Teil dieser selbstbewussten Bürgerschaft zu sein. Geübt darin, in der Küche schnell eine Scheibe Brot abzuschneiden und im Gehen eine Scheibe Salami draufzulegen, kamen sie im Schnellrestaurant nicht zurecht. Sie wussten, wo in der Stadt man Zärtlichkeit kaufen konnte, und taten es zuweilen – mit dem Gefühl, dass sie auch hier alles falsch machten. Letztlich waren sie immer froh gewesen, wieder zurück auf ihren Hof zu fahren, wo sie tagtäglich mit Rohrzange und Stemmeisen das Gelände abschritten, aber es hätte dreihundert Brüder gebraucht oder dreitausend und deutlich schwereres Gerät als Rohrzangen und Stemmeisen, um die Wiesen zu bewirtschaften und das Gehöft zu retten, das wie eine Insel in einem Land lag, wo eine Schlossruine zur einen und eine Kolonie Seeschwalben zur anderen die einzigen Nachbarn waren. »An island on an island – that's what we are«, pflegte ihr Vater zu sagen, der sich selbst zunehmend verinselte, nach dem Tod seiner Frau immer kleinere und schließlich nur noch symbolische Kreise zog – sein Zimmer nicht mehr verließ und zurückkehrte zum Helden seiner Jugendtage: John George Bartholomew, dem berühmten Kartografen und Namenspaten seiner Söhne. Heiser lachend über Scherze, die nur er allein hörte, versenkte er sich in Karten und Globen, die er nach einem von außen nicht erkennbaren Prinzip hin und her schob, als könne er die Welt verändern – von einem alten Eichentisch aus, der in einem hypothekenbelasteten Niemandsland stand. Karten und Globen waren alles, was sein Vater, seinerzeit ein hoch angesehenes Mitglied der National Geographic Society, ihm vermacht hatte. Seine Reisen hatten ihn zum Bankrotteur gemacht.

Als Nicolas Bensal-Owner starb, eines Morgens, die Teetasse glitt ihm aus der Hand und ertränkte Assam in Assam (wie hätte er über diese tragikomische Volte gelacht), war der Boden übersät mit Karten, die tatsächlich Saatkörner seiner inneren Reisen gewesen waren. Den Bestatter baten die Brüder, ihren Vater statt in Kunstseide in das weiche Kartenmaterial mit all seinen Kringeln, Linien und errechneten Zahlen zu betten, das ihr Vater hinterlassen hatte.

»I'm quite sure that Mr Bensal-Owner will find his way without a map«, sagte der Bestatter und traf eine Auswahl besonders schöner Karten, »but it won't hurt, I suppose.«

\* \* \*

Der hoch verschuldete Hof wurde zwangsversteigert und fiel einem buddhistischen Zentrum zu, das offenbar in der Lage war, Arbeitskräfte in einem Ausmaß zu rekrutieren wie sonst nur Notstandsgesetze. Sprachlos sahen die Bensal-Owner-Brüder, die nach dem Verkauf noch einmal Abschied nehmen wollten von viereinhalb Morgen Land, auf denen und mit denen sie groß geworden waren, das sie im Wechsel der Jahreszeiten und in jedem Winkel kannten, auf das unentwegte Vorfahren von Bussen und Wohnmobilen hin, denen Menschen aller Hautfarben und jeden Alters entstiegen, schweres Gerät und Werkzeugkoffer abluden, und die, wann immer sie die Brüder bemerkten, ihre Hände vor der Brust zusammennahmen und den Kopf senkten.

Die Brüder antworteten mit einem angedeuteten Nicken und dachten: ›Das hätten wir gebraucht: so viele Hände.‹

Sie brachten sieben gut erhaltene Globen zu ihrer Cousine, und als sie sahen, wie deren Kinder sie mit zarten Händen anstupsten und drehten, hatten sie zum ersten Mal seit Langem das Gefühl, die Welt würde sich weiterdrehen. Auch für sie.

Die Karten im Sarg ihres Vaters, die Globen in den Händen ihrer Nichten und Neffen, brachen die Brüder Bensal-Owner auf – mit einem sehr einfachen Ansatz: drei Brüder, drei Himmelsrichtungen; alle außer Norden. Wenn man wie sie aus North Northumberland stammte, war der Norden keine Option mehr. In geradlinigster Weise ging John nach Westen, nach Canada Happy Valley Goose Bay, wo er eine Stelle im dortigen Flughafen fand; George Richtung Süden bis nach Accra, der letzten Landstation vor der Antarktis, knapp drei Millionen Einwohner, eine Küste, die Geld und Gold verhieß, und Nächte, die wie Tage waren. Dort ließ sich erfahren, was ein Boom ist, und genau danach war Charles zumute. Bartholomew brach nach Osten auf.

Zu Fuß und mit dem Zug. Über Rotterdam und Berlin nach Osteuropa. Er ließ Warschau hinter sich, dann Minsk. Die Landmassen legten sich schwer auf seine Seele. In Tula südlich von Moskau überfiel ihn eine derart starke Sehnsucht nach dem Meer, dass er tage- und nächtelang nur daran denken konnte, wie es ihm mit seinem Singsang diesen Albdruck nehmen könnte. Mit seinem Handy berechnete er, auf welchem Weg er am schnellsten wieder ans Meer käme. Das Schwarze Meer lag näher als das Baltische. Allerdings würde sein Weg durch Krisengebiete führen. Nach kurzem Innehalten erschien es ihm richtiger, mitsamt seiner persönlichen Krise durch Krisengebiete zu ziehen, als sich mitsamt seiner Verlassenheit der Weltverlorenheit sibirischer Steppe auszusetzen.

In die Krise, aber mit Umsicht, sagte er sich selbst, weil er an die Stirn seiner Mutter dachte – und schrieb es sich auf die eigene: not yet. Als er dieses ›not yet‹ eines Abends verblassen spürte und er sich selbst nicht mehr über den Weg traute, ließ er sich diese sechs Buchstaben in einem Tattoo-Studio in Odessa eingravieren, nicht auf die Stirn, dafür in die rechte Innenhand; sodass er sie sich vor Augen halten konnte, wenn es nottat.

Er ging weiter nach Warna, von dort nach Burgas, geriet in einen Treck, mitten unter Menschen, die aufgebrochen waren wie er, aber von anderswoher und aus anderen Gründen. Er half, wo er konnte. In Charmanli, einem Flüchtlingslager im Süden Bulgariens, geriet er auch mitten unter die, die dorthin gekommen waren, um ebenfalls zu helfen, wenn auch von anderswoher und aus anderen Gründen. Wie ein Wanderer zwischen den Welten, der einen, in der Hilfe gebraucht wurde, und der anderen, in der Hilfe gegeben wurde, wechselte er im Lager und auf der Route fortwährend diese Seiten – soweit man von Seiten sprechen konnte, in einem Chaos. Das Meer war kein Thema mehr.

Er, der Einsilbige, vor Kurzem noch zu Hause ausschließlich in einem knorrigen nordenglischen Dialekt und nahezu unfähig, ins Hochenglische zu wechseln, lernte jetzt Sprachen wie Erste-Hilfe-Griffe. Zügig und zielgerichtet. Mit der sprachlichen vollzog sich eine weitere Wandlung seiner selbst: Er, der nur flüchtige, bezahlte Zärtlichkeit in taghellen Stundenhotels kannte, wurde zu einem, in dessen Zelt nachts Frauen kamen, die er kurz zuvor gesehen hatte – an der Ausgabestelle für Essen, im Krankenlager, an der Koordinationsstelle für Pässe und Papiere. Sie begehrten ihn, weil sie sich von ihm etwas versprachen, das sich nach Liebe, Wärme und Unversehrtheit anfühlte. Mit flüchtig hatte diese Sache nichts mehr zu tun; wohl mit Flucht. Die Flucht nährte den Drang zu lieben, als wäre diese Nacht die letzte. Die Liebe im Elend der Lager entlang der Routen war das Einzige, was nicht nach Armut und Krieg schmeckte; zuweilen nach Nescafé und Desinfektionsmittel. Manchmal hielt eine Frau im Morgengrauen sich spielerisch seine rechte Hand vor die Augen und fragte: »Not yet?«

Im Irish Pub einer wohlsituierten süddeutschen Mittelstadt sahen Ben und Sabina einander an und fragten sich, ob sie einander begegnet sein konnten, womöglich in einem Zelt. Aber nein, immer hatten ihre Stationen Hunderte von Kilometern auseinandergelegen.

Hier gab es keine Zelte. Nur Häuser und Zäune. Gärten und Nachbarn.

Irgendwann räusperte sich der Barkeeper: »Well ...« Sie zahlten, verließen den Pub und stiegen ins Auto.

Bevor Ben den Schlüssel ins Zündschloss stecken konnte, griff Sabina danach und legte ihn ins Handschuhfach. Die Rückbank eines Kombis hatte ziemlich genau die Maße eines Zweipersonenzeltes, fand sie. Sie hatte Wolldecken auf der Rückbank gesehen. Und in dieser Nacht sollten die Temperaturen nicht unter zehn Grad sinken – hatte sie morgens im Radio gehört.

# spän und irrungen

*so kalt war die nacht nicht gewesen, wie er gefürchtet hat. die luft des fôno, der seit zwei tagen von den bergen weht, hat den boden gewärmt. er hatte vergessen, wie sich luft anfühlt, die nicht kalt ist. in der milden nacht hat er dagesessen und die augen offen gehalten. ein bergzug, vor seinen füßen aus der erde gewachsen, das waren die hoch beladenen fuhrwerke in der dämmerung am abend. tief in der nacht waren sie nichts als ein dunklerer streifen im dunkel. und im ersten licht am morgen nichts anderes als wagen, auf denen sein abgebrochenes haus lagert. heute werden die ochsen es in die einöde ziehen. hat er es bewacht? bewachen müssen? hat er wirklich gemeint, jemand stiehlt sein haus? oder einen balken, am ende diesen einen?*

*niemand hat in der nacht hand an einen balken gelegt. jeder ist froh, dass die höfe aus dem dorf herausgebaut werden.*

*gern hilft jeder denen, die platz machen.*

*für zwei gearbeitet hat hans gruber. immer hatte er den fidel warten lassen, wenn der über seine felder hat gehen müssen, um die eigenen zu bestellen. ihm hinterhergeschimpft. hat dem fidel die schuld gegeben daran, dass einst der johann endres den josef gruber mitgenommen hat in die stadt, dem elend der bauern ein ende zu setzen. auch der vater vom hans ist nicht wiedergekommen. auch ihn sah man hängen. dass johann endres daran schuld ist, und der fidel, weil er endres heißt und es ein endres war, der zuerst aufgestanden und von haus zu haus gegangen ist, das denkt hans gruber und ist dabei so gram und greulich gegen die menschen, dass ein jeder ihn flieht und er einen jeden. gestern aber hat er gehämmert und geschleppt wie kein anderer, und nicht ein böses wort ist ihm über die lippen gekommen.*

*ausgerechnet hans wird das kräuterfeldchen bekommen, hat fidel gedacht, als der spruchmann schätzte und versetzte. und doch hat er dazu geschwiegen. denn als sie allererst beisammensaßen, feld und haus zu ordnen, zunächst unter sich, dann mit fürst und pfaffe, mit spruchmann und schreiber, da war es gewesen wie in dieser nacht, als der fôno die letzte kälte aus der luft genommen hat. wie gnädiglich ihre gemüter den frieden miteinander gesucht hatten. das geglättete land glättete ihre gesichter.*

*waren sie je so gütlich zusammengekommen wie jetzt, da sie dabei waren, auseinanderzugehen? sie hörten einander zu, fragten und antworteten, wo taube ohren und barsche rede gewesen war. wurden sich einig, wo sie uneins und uneinig gewesen waren. wo spän und irrungen gewesen waren zwischen ihnen, war ihnen nun die neue ordnung recht und billig. als biederbare leute schlossen sie verträge und vertrugen sich. weil sie sich nicht mehr vertragen mussten.*

*seine frau, agnes, kommt aus der tür des dorfkrugs, dreht ihr gesicht in den lauen wind und findet ihn, den fidel, bei den fuhrwerken sitzen. jemand hat ihr einen becher mit molke gegeben. sie trinkt und gibt ihn weiter an ihren mann. »droben werden wir wieder kräuter haben«, sagt sie, »in der beunde, ganz nah am haus.«*

# IV.

Die Offene Küche schlich sich so langsam in den Dorfalltag hinein, wie sich einst der Gastbetrieb des Rössle aus dem Dorfalltag hinausgeschlichen hatte.

Zunächst kochte man Probe: Funktionierten die Herdplatten eigentlich noch? Was ließ sich leicht gemeinschaftlich herstellen? Was ohne Verlust eine gute Weile warm halten? Wie ließen sich Varianten jeweils mit und ohne Fleisch planen?

Dann wurden zwei, drei Tische aufgestellt, ohne weiße Tücher, aber frisch abgehobelt; jemand stellte weitere Tische dazu; irgendwann gab es statt Küchenpapier einfache Servietten. Irgendwer war immer da, fuhrwerkte herum oder probierte ein Schälchen frisch Gekochtes. Und immer konnte man einfach hingehen und sich dazusetzen.

Franzi errechnete die Kosten und kalkulierte aus verschiedenen Angeboten den Wanddurchbruch zum Garten. Bernadette erprobte vegetarische Gerichte und schrieb sich in der Volkshochschule für den Kompaktkurs »Diätküche« ein. Liliane unterrichtete weiterhin Deutsch und sammelte arabische Kochrezepte.

Den Papierkram zur Vereinsgründung und zur Beantragung von Zuschüssen hatte Leni Möllthaler ihrem Mann mit einem aufmunternden Nicken auf den Schreibtisch gelegt.

Im Vertrauen darauf, dass mit ihrer erweiterten Speisegemeinschaft schon alles klappen würde, wurden in der Offenen Küche Mittagsmahlzeiten gekocht und ausgeteilt, lange bevor die Gemeinnützigkeit amtlicherseits festgestellt wurde. So war ohne eine Eröffnungsfeier, ohne feierliche Ansprache die Offene Küche einfach da und nicht mehr wegzudenken.

Natürlich hatte es Etappen gegeben.

Etwa als das vermooste Schild »Zum Rössle« mit den zwei altersschwachen Laternen rechts und links abmontiert und durch einen vom Bürgermeistersohn höchstpersönlich per Digitaldruck auf Acrylglas gezauberten Schriftzug ›Offene Küche‹ (zwischen zwei springenden Pferdchen, so viel Tradition war man dem Rössle schuldig) ersetzt wurde, und wie sich aus dem Nichts an die fünfzig Personen versammelten, um von der gegenüberliegenden Straßenseite aus Ben und Felix, beide auf Leitern, von denen die eine altersschwächer war als die andere, ›mehr nach links‹ oder ›mehr nach rechts‹ zu dirigieren. Schaulustige – im besten Sinne des Wortes.

Dann der Moment, als Franzi und Esma zum ersten Mal auf die von Kindern im Schuppen neben dem Gasthaus wiedergefundene Gastrotafel die Liste der Tagesgerichte schrieben. Gleichzeitig übrigens, Esma in arabischer Schrift auf der einen, Franzi in lateinischer auf der anderen.

* Hummus mit Joghurt und Petersilienblättern
* Käserahmnudeln oder Auberginengemüse auf Fladenbrot
* Baklava oder Halbgefrorenes mit Beeren
* Holunderlimonade oder Anistee

Alles zu wohlfeilen Preise, dank der Anteile öffentlicher Förderung, die ganz sicher kommen würde; eine alte Registrierkasse gab es bereits.

Ein besonderer Augenblick war es auch, als Josef Hallhuber, der definitiv zu denen gehörte, die sich durch nichts und niemanden, schon gar nicht durch Lachen und Leben, durch Kind und Kegel, irgendwie anrühren ließen – am ehesten noch durch Bilder und Texte seines rechtslastigen Blättles, das er vor Jahr und Tag versehentlich mit der Bestellung einer Pendelhubstichsäge abonniert hatte –, als also dieser Josef Hallhuber eines schönen Mittags schnurstracks den Ex-Rössle-Gastgarten durchschritt und sich in die Schlange stellte, um einen Teller mit Gemüseeintopf entgegenzunehmen, für den er an der Kasse umständlich drei Euromünzen aus der Tasche seiner Arbeitshose kramte. Beziehungsweise als Esma, die ihn im Auge behalten hatte, auf ihn zukam, exakt in dem Moment, als sie auf seinem blitzblank abgegessenen Teller das Besteck zusammengelegt sah, und ihn fragte, ob er Walnüsse mochte.

»Schon«, antwortete Josef.
»Fenchel?«
»Hmhm.«
»Anis?«
»Hmhm.«
»Kokos?«
»Hmhm.«
»Das ist gut«, meinte Esma und holte hinter ihrem Rücken ein Tellerchen Sayyalat hervor. Dass sie auch ein Löffelchen Pistazien, etwas Rosenwasser und eine Prise Kardamom in den Nachtisch hineinverarbeitet hatte, tat gerade nichts zur Sache.

»Was kriegst dafür?«, fragte der Josef, dem man ansah, dass er trotz der verführerischen Süße innerlich auf Abstand ging.

»Eingeladen bist du«, antwortete Esma.

Darauf wusste Josef Hallhuber nichts zu sagen. War er überhaupt schon mal zu etwas eingeladen worden in seinem Leben? Einfach so? Esma sah die Unsicherheit in seinem Blick.

»War übrig«, sagte sie.

Josef nickte und zog das Schälchen zu sich heran, mit unsicheren Fingern wie ein großes Kind, das zu oft erfahren hat, dass ihm wieder entwendet wird, was ihm wohltat.

»Gut, gut«, sagte Esma, »bis morgen.«

Nicht zuletzt war es wichtig, dass in der Offenen Küche einmal richtig Hochzeit gefeiert wurde. Dies geschah, als Aloisias jüngste Tochter Martha einen Mann hoch aus dem Norden, Sven, heiratete, der bis zum Tag der Eheschließung gemeint hatte, in einem original bayrischen Gasthaus Hochzeit mit einer original bayrischen Braut zu halten, und der erst auf dem Weg vom Standesamt zur Offenen Küche erfuhr, dass er diesbezüglich einem grandiosen Irrtum aufgesessen war. Detailreich legte man ihm dar, was alemannisch, was schwäbisch und was bayrisch war, wo es Schnittmengen gab und wo jedenfalls keine, alles in einer Sprache, die er nur viertel verstand, bis ihm der Kopf schwirrte – zumal mit jeder Runde Regionalkunde einige Schnäpse gereicht wurden –, bis ihm endlich vollkommen klar war, dass er mit einer Allgäuerin – Moment, war es jetzt eine Unter-, eine Ost-, eine West- oder eine Oberallgäuerin? – in vollkommen unklare Verhältnisse hineinheiratete, die je zu überschauen ihm jede Hoffnung bereits jetzt geschwunden war. Kaum nahm er noch wahr, wie sich seine Braut, einem alten Brauch folgend, in die Küche aufmachte, die Hochzeitssuppe nachzusalzen; in diesem Fall keine hiesige Hochzeitssuppe, sondern eine, die von Franzi und Esma aus einem alpinen und einem vorderasiatischen Hochzeitssuppenrezept zusammenkomponiert worden war: Nicht klar war die Brühe, sondern rot wie arabische Linsen, dafür mit Lorbeerblatt und Blumenkohlröschen. Unter großem Hallo griff sich seine Braut den Kübel und ließ das Salz großzügig durch die Finger rieseln. Die Suppe kurbelte dann den Bierkonsum enorm an – 's war halt eine herzhafte Person, die Martha.

Und nicht zu vergessen das Lachen, das zu Beginn der Arbeiten im Rössle wie eine Woge durchs Dorf spülte, als nämlich eine Handvoll älterer Männer, am Stammtisch tiefschürfend vorbereitet, ihren Frauen nahelegten, aus dem Projekt auszusteigen mit all den Ausländern – ein derart rückständiges Weltbild hätten die, wie die ihre Frauen unterdrückten! Dass die wackeren Frauenrechtler lediglich ein »Geht's halt mal zur Esma, die sagt euch Bescheid über rückständige Weltbilder. Da wirst fei sehen, wer die Hosen anhat« zu hören bekamen, zeigte, dass die Karten im Dorf vollkommen neu gemischt wurden.

Dass Esma die Hosen anhatte, nicht nur Esma übrigens, verhinderte nicht, dass, genau wie manchem Dorfbewohner, auch in der oberen Etage des Rössle jemandem die ganze Sache nicht passte. Und dieser jemand meinte, seiner Frau den Umgang mit den Einheimischen untersagen zu müssen. Der nicht nur schimpfte und schlug, sondern auch noch zu zündeln anfing. Die Feuerwehr kam zum Einsatz und freiwillige Helfer, manche von ihnen allzu freiwillig.

Als deutlich wurde, dass nicht viel gefehlt hätte, und das Dach des Rössle hätte Feuer gefangen; weiterhin, dass der sechzehnjährige Marco sich bei diesem seinem ersten Einsatz eine Rauchvergiftung mittleren Grades zugezogen hatte und im Kreiskrankenhaus behandelt wurde; und dass das Feuer von den Räumen einer kürzlich zugezogenen Familie ausging, gab es Zweifel an allem, was mit dem Rössle zusammenhing. Gerede und Gegrummel. Worte wie ›einstweilig‹ und ›stilllegen‹ kursierten – der Offenen Küche drohte das Aus. Im Hof des Rössle trafen sich die, denen die Sache mit dem Rössle sowieso zu weit gegangen war, und die, denen die Sache mit dem Rössle noch gar nicht weit genug gegangen war, aufeinander. Mehr oder minder schweigend. Mehr oder minder: Hände in den Taschen und Arme vor der Brust verschränkt. Man kam und ging, es würde etwas geschehen, niemand wusste, was und wann. Aber man durfte die Stellung nicht aufgeben. So viel war klar.

Als Ben in den Hof einfuhr, trennte sein Kombi die Anwesenden recht säuberlich in Pro und Kontra. Er ging ins Rössle, kam jedoch kurze Zeit später wieder heraus, fuhr weg und fuhr eine knappe halbe Stunde später erneut in den Hof – in ein nahezu unverändertes Bild hinein. Allerdings war er nicht allein zurückgekommen. Mit ihm stieg eine Frau aus dem Auto, oder besser gesagt: Dem Auto entstieg eine sagenhafte Erscheinung: ein sonnengelber Kaftan, ein Kopftuch, eigentlich mehr ein rasch übergeworfener Schal, aus allen Farben, die zu

Gelb passen: Leyla de Chadarevian-Neugebauer, die ihren rechts- und sittenwidrig niemals entfristeten Universitätsjob, Fachbereich Sozialpsychologie, vor gut einem Jahr ihrerseits fristlos gekündigt hatte, seitdem als Mediatorin tätig war und auf dem besten Weg, unentbehrlich zu werden. Sie raffte ihr Kleid mit der lässigen Anmut einer Ballkönigin und verschwand im Rössle. Lange. Im Hof lauschte man angespannt auf das Auf und Ab von Gemurmel und Gebrüll, Schweigen und Schreien. Allmählich wurde es ruhiger, bis sich aus den geöffneten Fenstern nur noch die Stimme von Leyla de Chadarevian-Neugebauer vernehmen ließ und das Rössle-Drama in deutlich ruhigeres Fahrwasser geraten oder gar an ein Ende gekommen war. Dann kam sie heraus, so aufrecht und unversehrt, wie sie hineingegangen war: Das Ehepaar Bakthari denke über eine Trennung nach, sagte sie so sachlich und erleichtert wie eine Pressesprecherin nach dem Durchbruch am Ende einer langwierigen Konferenz. Solange sie darüber nachdächten, schien es ihr geraten, Herrn Bakthari eine andere Unterkunft anzubieten. Sie habe bereits telefoniert. Es sei darauf zu achten, dass er eine sinnvolle Aufgabe erhalte. Herr Bakthari sei ein Mann der Tat. Ein konservativer Mann der Tat. Wenn ein Mann der Tat nichts tun kann, wendet sich seine Tatkraft gegen ihn, so Frau Leyla de Chadarevian-Neugebauer. Was nicht entschuldige, dass er seine Frau schlage. Allerdings schlage sie zurück.

Nach diesem Kurzbericht, der an Klarheit nichts zu wünschen übrig ließ, fragte sie, ob erstens jemand Fragen zum Geschehen habe und ob zweitens jemand sie zum Bahnhof bringen könne, da Herr Bensal-Owner hier ja noch zu tun habe.

Einigen ging das dann doch zu schnell. Ob dieses Spiel mit dem Feuer nicht rechtliche Konsequenzen habe, wurde sie gefragt, ob es nicht allzu gefährlich sei, Halbverrückte, also, ähm, Traumatisierte, wie man so sage, hier mitten im Dorf zu lassen, wenn sie verstehe, was er meine ...

Frau Chadarevian-Neugebauer sah den Fragenden, der sich aus den hinteren Reihen vorgearbeitet hatte, freundlich an. Sie glaube nicht, dass noch unmittelbar Gefahr von Herrn Bakthari oder einem der anderen Menschen in diesem Haus ausginge. Sie hoffe, dass dies auch von den Bewohnern des Dorfes zu sagen sei, da ja die Vergangenheit gezeigt habe, dass Feuer sowohl innerhalb als auch außerhalb von Unterkünften dieser Art gelegt werde. Ihre persönliche Meinung dazu sei, dass die, die Waffen in die sogenannten Pulverfässer dieser Welt liefern, am allermeisten zündelten und damit die Menschen millonenfach in die Flucht trieben. Apropos Flucht, sie müsse tatsächlich den 15:21 Richtung München bekommen; von dort nach Genf. Offen gestanden, sei sie etwas spät dran.

Diesmal beeilten die Umstehenden sich, einladend auf ihr jeweiliges Fahrzeug zu deuten, und ohne Zögern steuerte Leyla Chadarevian-Neugebauer, dabei freundlich in die Runde nickend, das nächstgelegene Fahrzeug an: den ramponierten Pick-up von Tom Haberl. Tom, nach einer Schrecksekunde, folgte, wechselte hektisch die Seite, um ihr die Autotür zu öffnen – als hätte ihn unversehens eine Erinnerung aus Tanzstundenzeiten der frühen Achtzigerjahre angeweht.

Einige Sekunden lang sah man vom Gastgarten des Rössle aus ein Stück des vielfarbigen Schleiers aus dem geöffneten Autofenster wehen. Als hätte Tom Haberl eine Braut entführt. Aus dem Rössle-Serail.

»Die könnt man direkt bei uns im Dorf brauchen, als Paartherapeutin«, meinte Andreas Steinbacher, und die Umstehenden wunderten sich doch sehr, woher der Andi solch ein Wort kannte. Sahen ihn an. Er wurde tatsächlich rot. Als ob nur die Geflüchteten Ehekrisen hätten …

Man blieb. Obwohl man gehen wollte. Längst hatte gehen wollen. Selbst Tom kam wieder, obwohl sein Hof auf halber Strecke zum Bahnhof lag. Man ließ die Arbeit Arbeit sein. Zog die bunten Stühle zu Grüppchen zusammen. Bürgermeister Brugger kam und sank schwergewichtig und mit einer extratiefen Sorgenfalten auf der Stirn auf Philippas Glitzerstuhl nieder, was Brugger junior, der Felix, mit einem kurzen, aber heftigen Kicheranfall quittierte. Der Bürgermeisterkandidat wiederum quittierte dies mit einem gewissen Wohlgefallen. Leni, die nicht kandidierende Lieblingskandidatin, kam und kochte zusammen mit Esma Chai mit frischer Milch und Honig, brachte große Kannen und kleine Gläser in den Garten, auf einen Tisch, den sie exakt zwischen den Fronten platzierte. Dort konnte man einem Austausch schwerlich ausweichen; wer Tee trinken wollte, musste reden. Bis auf einmal von Schließung gar keine Rede mehr sein konnte, nur davon, wie man es besser machen könnte. Regelmäßig Frau Chadarevian-Neugebauer einladen zum Beispiel.

»Weißt noch, damals, wie die Sache mit dem neuen Fußballplatz auf der Kippe gestanden und sie uns sogar aus der Staatskanzlei jemanden geschickt haben, damit der uns sagt, wir müssten es uns ein für allemal aus dem Kopf schlagen – sonst könnten's für uns au nimmer viel tun?«, meinte der stellvertretende Bürgermeister Leopold Geiger, ein auf hochdiplomatische Weise sehr beharrlicher Mensch, der nichts im Leben so gern wollte wie: mittleres Management und zweite Reihe. Nicht Bühne, nicht Hinterbank, sondern genau dies: Stammplatz in der zweiten Reihe. Und von dort aus die Strippen ziehen.

»Ja, genau, nur weil der Hotelkonzern dort bauen wollte. Der ist später eh pleitegegangen, weißt noch? Und dann haben wir trotzdem Nein gesagt und in der nächsten Runde gleich noch einen Tennisplatz und ein Freibad mitbeantragt.«

Das durch zu viele nächtliche Sitzungen früh gealterte Bürgermeistergesicht zeigte noch einen Abglanz des Triumphs von damals.

»Und bekommen«, sekundierte Leopold Geiger.

»Wenn's zum Scheitern kommt, muss es nicht kleiner machen, größer muss es machen, größer und noch besser, weißt, was ich mein?«, sagte Brugger senior.

Leopold Geiger nickte. Schließlich hatte er ihm dieses Konzept eingeflüstert.

»Nur beim Linienbus hat's nicht funktioniert, gell?«, mischte sich der aktuelle Gegenkandidat Hubert Möllthaler ein.

»Dass der eingestellt wurde, das hab ich eigentlich nie so recht wegstecken können«, meinte Max Brugger. Auch ein gestandener Bürgermeister hatte seine wunden Punkte. »Die haben uns einen Vogel gezeigt, als wir die Busstrecke halten wollten und auch noch gegen die Bahnstreckenstilllegung protestiert haben.«

»Manchmal, wenn man's groß machen will, macht man die Widerstände gleich mit groß«, meinte Hubert Möllthaler. Eine wohlüberlegte und nur mäßig versteckte Spitze gegen das »Jetzt erst recht«-Prinzip.

Ben hatte schweigend zugehört.

»So groß müsste es gar nicht sein, nur ein bisschen größer.«

»Was?«

»Der Dorfkern. Die Offene Küche allein ist zu gefährlich.«

»Gefährlich?«

»Gefährdet, meint er«, dolmetschte Felix Brunner. Sein Vater warf ihm einen anerkennenden Blick zu.

»Eine kleine Poststelle, ein Hofladen, Medizinstation, Internetcafé, kostenloser Ruf-Bus.« Ben war viel über Land gefahren. Er wusste, woran es mangelte – und erntete: Schweigen.

»Alles, wie um einen Dorfbrunnen herum«, fuhr Ben fort. »Wie früher, aber von heute.«

»Wir sind hier an die Wasserversorgung angeschlossen«, meinte einer der Umstehenden, dem Grundprinzip treu bleibend: erst einmal meckern. Sein Nachbar legte nach:

»Wir Allgäuer haben noch nie auf Brunnen vertraut, uns ist fließendes Wasser lieber – aber das kannst ja nicht wissen ...«

Er meine das mit dem Brunnen eher symbolisch, sagte Ben, ihm sei es auch lieber, wenn Dinge im Fluss sind.

Wiederum Schweigen.

»Wo war hier früher der Laden?«, fragte Ben.

Zwanzig Finger deuteten quer über die Straße auf ein Haus mit heruntergelassenen Jalousien, die Fahrradständer davor so zusammengerückt, dass sie nicht benutzt werden konnten.

»Okay«, sagte er. »Noch alles da.«

Er sah in einigermaßen unbewegte Gesichter. Man müsste halt mit der Tamara reden, der Nichte vom Benedict Grieshaber, Gott hab ihn selig. Die hatte das Haus geerbt, lebte lange schon als Jazzmusikerin in Quebec und hatte, außer, dass sie der Aloisia den Schlüssel gegeben und per Dauerauftrag fürs Rasenmähen und Lüften jährlich fünfhundert Euro überwies, offenbar damit nichts weiter am Hut.

»In Quebec ist jetzt Nacht«, sagte Franzi.

»Da kriegst sie am besten, tagsüber schläft sie«, meinte Aloisia. Sie war im Bilde über den Tagesrhythmus einer Saxofonistin. Wenn sie es recht bedachte, würde sie selbst nicht viel lieber einen kleinen Laden mit herrichten, statt in einem unbelebten Haus für eine halbe Stunde stoßzulüften und einen Rasen zu mähen, den nie einer betrat? Oder würde ihr das nicht doch zu viel werden? Man konnte ja mal fragen. Am besten gleich. Wer wusste, ob am nächsten Morgen noch irgendeiner der hier Versammelten, sie selbst eingeschlossen, an einen Dorfladen glauben würde. »Ich sprech mit ihr«, sagte Aloisia.

»Wenn's so wär, bräuchte der Bertl gar nicht ins Seniorenheim«, meinte mit einem Mal Christa Mittenmaier, die der ganzen Diskussion bis jetzt wortlos gefolgt war. »Der könnt ja hier essen, dann bekommt er in der Medizinstation seinen Quicktest und die richtige Dosis Blutverdünner, und ich kann weiter schaffen gehen.«

Stille. Die Christa hatte es ja auch mehr zu sich selbst

gesagt. Nun hingen auch die anderen diesem Gedanken nach. Bertl, der erste Biobauer des Ortes, Ehrenvorsitzender des Fußballvereins, den hatten sie ja alle ewig nicht gesehen. Der sollte jetzt ins Heim?

Da stand Franzi auf, holte einen der alten Speisekartenzettel aus der letzten Woche, die in der Spielecke als Malpapier dienten, um auf der Rückseite von ›Spinatknödel mit Parmesan‹ und ›Paprika-Sesam-Huhn‹ festzuhalten, was ihr durch den Kopf ging. Ihr Stift flog übers Papier.

»Was schreibst denn da?«, wurde sie gefragt.

»Ich schreib auf, woran man denken muss«, antwortete Franzi.

Die Älteren im Rössle-Hof nickten bedächtig. Sie kannten die Franzi. Die Franzi, die damals schon mit dem Rad zu dem Hof geradelt war, wo man in alten Badewannen Müsli zusammengemischt hat und Haselnüsse geröstet wurden. Jetzt war daraus eine Firma geworden, die in alle Welt verkaufte.

Als Franzi sich jetzt erhob, wehte ein Windstoß ihren Zettel weit über den Zaun, dass kein Hinterherkommen war.

»Machst wieder neuen Wind, Franzi?«, fragte Bürgermeister Brugger.

Franzi lachte. »Na, wenn mit dem neuen Wind der Bertl nicht ins Heim müsste, das wär schon fein.«

Max Brugger, Gemütsmensch erster Güte, holte tief Luft und seufzte so tief und lange und hörbar aus, dass alle ihn interessiert ansahen.

»Kannst dem Bertl schon Bescheid sagen, Christa«, sagte er, und auf seinem breiten gutmütigen Gesicht zeigte sich ein sozusagen strahlender Weltschmerz: Was jetzt alles wieder auf ihn zukommen würde! Wie schwierig es werden würde – und wie großartig!

* * *

Dem Bertl wurde Bescheid gesagt. Über Möglichkeiten. Unter Umständen. Ins Unreine gesprochen. Aber im Prinzip. Zum ersten Mal, seit das leidige Thema Pflegeheim aufgebracht worden war, hatte der Bertl die Christa mal wieder richtig angesehen, nicht mal ebenso schnell von der Seite, sondern so wie früher, mit blitzblauen Augen unter den struppigen Brauen. Dann hatte Bertl telefoniert. Auf einmal brauchte er keine Brille, um die Ziffern auf den Tasten zu bedienen, und außerdem wusste er alle wichtigen Telefonnummern, dreistellig zumeist, noch auswendig. Zusätzlich wusste er, entgegen früherer Aussagen, wie das Seniorenhandy aufgeladen wurde und wo das Kabel lag. Er telefonierte mehrfach und lange. Außerdem ließ er sich von seinem Enkel in die Nachbarorte fahren.

Fünf Freunde vom Bertl waren vergleichsweise rüstig ins Pflegeheim gegangen – weil sie nicht kochen konnten, Essen auf Rädern ablehnten und sich insgesamt, was die Selbstversorgung anging, zu tapsig anstellten und dennoch ebenso störrisch wie vergeblich darauf beharrt hatten, dass sie ihre Mittagsruhe nirgendwo sonst so erquicklich halten könnten wie auf der ureigenen Couch ihres ureigenen Hauses; was als Altersstarrsinn gegen sie ausgelegt worden war und sie direkt dorthin gebracht hatte, wo sie der Meinung ihrer Anverwandten nach hingehörten: in eine – Seniorenresidenz.

Seitdem der Bertl vom Brunnen-Projekt gehört hatte, überlegte er hin und her, wie viele der Häuser der ins Heim Gekommenen noch leer standen, wer vielleicht mit wem zusammenziehen könnte und wie sich auch ohne die Einschaltung halsstarriger Söhne und Töchter Altenheim-Verträge kündigen ließen.

Eine Rückabwicklung hatte es allerdings seit Gründung des Pflegeheimes im Jahr 1948 nicht gegeben. »Also, wissen Sie, eine Rückabwicklung, das hatten wir noch gar nicht, soweit ich sehe. Ich muss mal fragen, ob wir das überhaupt dürfen ...«, meinte die schwer irritierte Verwaltungsangestellte. Die alten Männer wurden unruhig. »Also, wie das genau geht«, schob sie hinterher, da sie sich natürlich schon darüber im Klaren war, dass es letztlich doch gewisse Unterschiede zwischen einem Seniorenheim und einem Gefängnis gab.

Während die Verwaltungsangestellte bei ihrer Chefin nachfragen wollte, begaben sich die Männer in die Cafeteria. Angesichts der abgestandenen Apfelsaftschorle kam das Gespräch wie von selbst auf das gute alte Handwerk der Schnapsbrennerei. So viel Kenntnis in der heimlichen Handhabung von Destillierkolben kam selten an einem Tisch zusammen:

»Wir beliefern das neue Rössle mit Schlehengeist und Lärchenschnaps«, sagte Franz Dängler, »was meint ihr?«

»Du meinst die ›Offene Küche‹.«

»Gibt's da jetzt Mittagessen oder nicht?«

»Immer um zwölf. Nachtisch ist auch dabei.«

»Aber Schnaps sicher nicht.«

»Nein, sicher nicht.«

»Aber unser Dorfladen wird wieder aufgemacht. Soll jetzt ein Hofladen sein.«

»Ist doch gar kein Hof mehr dabei gewesen, beim Benedict.«

»Trotzdem. Sagt man heute so.«

»Die Resi verkauft da, und die Bernadette, hab ich gehört.«

»Die werden uns unseren Schnaps aus den Händen reißen.«

»Und die Kurgäste! Von weit her kommen werden die, wenn sich das erst herumspricht, wie gut unser Lärchenschnaps ist.«

»Ja, das gibt's doch woanders gar nicht mehr.«

»Alles bio.«

»Und wo bekomm ich meine Tabletten?«, fragte Konrad Schmittbauer.

»Bei der Sabina.«

»Geh, ist die wieder da?«

»Freilich! Hast das noch nicht gehört?«

»Ich bin halt lang nicht ins Dorf gekommen.«

»Das wird sich jetzt ändern«, sagte Bertl, und seine Augen leuchteten; leuchteten so sehr, dass sie geradezu ins Schimmern gerieten.

# wun und weide

*aber die linde. braucht sie nicht platz zum wachsen?*

*die brocken, auf denen sein haus wieder stehen wird, waren schon an ihrem platz, die ersten bohlen darübergelegt, da hat er die hand gehoben. zu schnell waren sie gewesen. hatten nicht alles bedacht. woher die starken winde wehen, woher der regen kommt, das schon. wie das haus zu den feldern, wie es zum weg liegen und wie zur sonne stehen soll, auch das. aber an die linde haben sie nicht gedacht. sie wächst doch noch.*

*wann hat sie sich ihren ort gesucht? in dieser ödnis, die über nacht das land des fidel endres geworden ist. wo nichts beackert und bestellt wurde, hat keiner gemerkt, dass da ein baum angefangen hat zu wachsen und zu wachsen so bald nicht aufhören würde.*

*als kind schon hätt er unter ihrem laub gesessen, wie sein vater und der vater seines vaters, sagt der alte trübenbacher und wischt sich über die augen. alle wissen, dass das nicht sein kann: zu dünn der stamm, zu zart die zweige. doch warum dem trübenbacher seine linde nehmen.*

*viel mehr platz wird die linde brauchen, als sie ihr gelassen haben. der fidel will sie nicht fällen müssen, wenn sie ihm eines tages ins haus wächst und übers dach. also heben sie die bohlen noch einmal an, versetzen die steine.*

*dann steht das haus. der stall hält das wetter ab, die tür öffnet sich zum weg, auf die beunde scheint am morgen die sonne. daneben die linde. fidel endres ist es zufrieden, obwohl er müde ist und ein sparren vom dach ihm die hand blutig gerissen hat.*

*gestern abend sind die fuhrwerke ins dorf zurückgefahren. ohne ihn, ohne die frau, ohne die kinder. morgen wird das haus vom ulrich pfeiffer abgebaut. er wird der nächste sein. wird ihm, dem fidel, der nächste sein, der nächste nachbar. sehen wird er ihn nicht, aber wissen, dass es ihn gibt. rufen kann er ihn nicht, aber zu ihm hinlaufen. über wiesen und weiden. bald wird es zäune geben. zwei stangen um die felder, drei stangen um die beunde, so will es die ordnung. wird er am zaun des nachbarn stehen bleiben und rufen? oder wird er weitergehen, die zäune hinter sich lassen, bis an das haus des nachbarn und an die tür klopfen, wie früher im dorf? wie gestern noch?*

*seine frau lehnt an der offenen tür. eine hand liegt auf ihrer schürze, die andere an ihrer stirn. weil sie weit sehen will und weil sonst die mittagssonne die weite in licht auflöst, in viel zu viel licht.*

*mitten am tag steht sie in der tür und sieht übers land. fidel will es ihr gleichtun, sehen, was sie sieht, nimmt eine hand an die stirn und die andere noch dazu. durch den halben kreis seiner hände sieht er wiesen und weiden mit resten vom schnee. wie zungen, hechelnd nach erde, haben sie sich vorgewagt, und lange sind sie geblieben. jetzt weichen sie, werden verschwinden im firn der berge, der glänzt und glitzert wie allerfeinstes geschmeide.*

*hat er also die berge dazu bekommen zu seinen neuen feldern. zu den feldern, die ihm nicht gehören, hat er die*

*Berge dazubekommen, die keinem gehören. nicht einmal dem fürsten.*

*still und sicher steht sein haus, steine am boden, steine auf dem dach. und sieht so sonderbar aus.*

*hier kann kein funke von dach zu dach springen. die pest nicht von haus zu haus ziehen. weil es nur ein dach ist und nur ein haus. es steht allein.*

# V.

Aloisia hatte Tamara Grieshaber in Quebec erreicht. Ganz genau überlegt hatte sie sich, wie sie es anstellen müsste. Die Tamara telefonierte, wenn überhaupt, gern kurz und bündig. Am besten mit Ja/Nein-Auswahl. Also lieber nicht: ›Tamara, was hältst du davon, wenn wir unten in deinem Haus den Laden wieder aufmachen?‹ Sondern: ›Hast was dagegen, wenn wir den Laden wieder aufmachen?‹ So legte es sich die Aloisia zurecht, und mit genau diesen Worten fragte sie die Tamara, nachdem sie ein rasches ›Hallo‹ und ›stör ich?‹ vorgeschoben hatte. Nach einer kurzen Pause, die offenkundig weniger zum innerlichen Ausräumen von Bedenken als zur inneren Sortierung zwischen hier und dort, zwischen neuer Welt und alter Welt, diente, antwortete Tamara mit zweimal ›nein‹. Einmal auf die Frage des Störens hin und einmal als Antwort darauf, dass sie nichts gegen die Ladenwiederbelebung hätte. »Nein. Nein – macht das nur«, sagte sie, ich hab den Laden gerngehabt als Kind. Es roch so gut nach Semmeln und Süßigkeiten. Müsst auch noch einiges da sein. Regale, Körbe ... Alles eigentlich. Schaut's halt mal nach. Dachboden ... Keller ...«

»Wir werden sowieso improvisieren müssen am Anfang«, meinte Aloisia.

»Ja, das ist gut«, antwortete Tamara, »aber warum nur am Anfang?« Dann gähnte sie ausgiebig ins Telefon, murmelte eine Entschuldigung und legte auf.

Das aus ihrer Sicht entscheidende Motto hatte sie, gute fünftausend Kilometer entfernt vom Geschehen, damit bereits ausgegeben: sich nicht verkopfen und ja keine Perfektion.

Der Hallhuber Josef hatte Esma aufgesucht und einigermaßen umständlich erläutert, er wolle dem Laden Holzkisten für Kartoffeln und Zwiebeln spenden, und ob sie Eier von seinen Hühnern und Wachteln verkaufen wollten. Er hätt tendenziell zu viele. Elsbeth bot selbst gemachten Joghurt in sieben Geschmacksrichtungen an, Johanna ihr Springkraut-Gelee als indisch rote Lokalspezialität.

Max Brugger hatte in der förderungsfähigen Rubrik »Nachhaltige Mobilität« einen Antrag auf kostenlosen Lastenräder-Verleih gestellt. Stützpunkt würde ein Repair-Café im Rössle-Quartier werden, das Ben mit Esmas Mann aufbauen wollte.

Felix Brugger hatte sich aus der Unibibliothek, Abteilung ›Didaktik der Informatik‹ das Buch ›Internet für Best-Agers‹ ausgeliehen (»Wie wehren Sie sich gegen Fotokalender Ihrer Kinder und Enkel? Indem Sie selbst welche fabrizieren – und das geht so …«) und bereitete sich damit auf die Internetschulung vor, die unter anderem betreutes Skypen im Angebot haben sollte.

Sabina hatte mehr oder weniger heimlich ihre Rettungssanitäter-Ausbildung beendet und war gerade dabei, mit der Apotheke in der Stadt Verhandlungen über eine Außenstelle zu führen. »Warum wollt ihr auf einmal alles wieder im Dorf haben?«, fragte die Apothekerin. »Es hat doch auch so immer gut geklappt.«

»Nur wennst die Leute vergisst, die nicht selber fahren können: dauernd jemanden fragen müssen. Immer angewiesen sein. Bitten und betteln. So schaut's aus«, sagte die Sabina und schob eine Liste für die Grundversorgung über den Tresen.

※ ※ ※

Es war in dieser Zeit, als Sabina begann, abends die Frauen im Dorf zu besuchen. Eine nach der anderen. Reihum. Sie begann zu sprechen. Nicht viel. Nicht wenig. Sie fragte, sie erzählte. Es wurden Gespräche daraus. Echte Gespräche. Mit langen Pausen, kurzen Zwischenrufen, mit Umzügen vom Garten in die Küche und von dort ins Wohnzimmer. So kam es, dass die Sabina öfter mal auf einem Sofa einschlief und von jeweils einer anderen Frau zugedeckt wurde, die es schön fand, dass jemand zu Besuch war und für eine Nacht blieb. Dass morgens Kaffee für zwei Menschen aufzusetzen war und seit Jahr und Tag mal wieder ein Frühstücksei gekocht wurde. Denn die Sabina musste aufgepäppelt werden. Rauchen allerdings durfte die Sabina nur draußen; bei aller Liebe. Doch rauchte sie immer weniger.

Überhaupt das Dorf: Erst kochten die Frauen in einem alten Wirtshaus, als ob sie keine eigenen Küchen hätten, dann schlief eine Tochter bei den Nachbarinnen auf dem Sofa, als ob sie kein eigenes Zimmer daheim hätt, und keine eigene Mutter. Dann redete man einen Dorfladen herbei, als ob es nicht drei Supermärkte im Gewerbegebiet gäbe. Was würde als Nächstes kommen?

Sabina hatte ein Anliegen oder besser gesagt: eine Frage. Eine Frage von solchem Gewicht, dass es ihr fahrlässig erschienen wäre, nicht ein ganzes Dorf zu befragen.

Aus dem Regal über ihrem alten Klappbett hatte sie

eine Sammlung russischer Geschichten gegriffen, die nie den Weg in die Schulbibliothek zurückgefunden hatte. Eine Leihgabe. Mit dem Gefühl, dass sie jetzt endlich etwas für das Buch tun müsste, etwas zurückgeben: mindestens ihre Aufmerksamkeit, hatte sie darin geblättert und war hängen geblieben an einer Geschichte von Leo Tolstoi: ›Wie viel Erde braucht der Mensch?‹. Sehr bald kam sie zu dem Schluss, dass es vielleicht nicht ohne innere Notwendigkeit gewesen war, dass dieses Buch bei ihr verharrt hatte, bis sie die Tragweite dieser Frage selbst ermessen konnte: Nachdem sie nämlich um die halbe Welt gereist war und man ihr in Lagern, die an Überfüllung und Trostlosigkeit nicht zu übertreffen waren, die Geschichte erzählt hatte von Bauern aus den Dörfern der Dschazira. Einst hatte dort der Winterregen die Felder fruchtbar gemacht, dann reihte sich eine Dürre an die andere, mit letzter Kraft wurde aus dem Boden geholt, was der mit letzter Kraft geben konnte, bis er weder sie noch ihr Vieh mehr ernähren konnte und es sie, die gewohnt waren zu säen und zu ernten, in die Stadt trieb, wo ihr Elend eine andere Form annahm und ihre Wut mit Waffen beantwortet wurde, die sie zu Zigtausenden in Lager trieben, in denen die Frage, wie viel Erde der Mensch braucht, einem im Hals stecken blieb und die dennoch gefragt werden musste. ›Wie viel Erde braucht der Mensch?‹ Jetzt wollte sie es wissen.

Wenn die Frauen abends ihren Kräutertee kochten und mit ihr teilten, jede einen anderen, war der Moment zum Fragen gekommen. Und keine blieb ihr eine Antwort schuldig.

Johanna, immer leicht heiser, deshalb Salbei, Kamille und Pimpernelle, sagte:

»Ein Maultier oder ein Esel muss darauf Platz haben, weißt, denn wenn's im Haus ein Geschrei gibt oder einen Kummer, dann braucht der Mensch ein Tier, das mit vier Beinen fest auf der Erde steht. Da kannst dich dran festhalten, Sabina, an so einem Maultierhals.«

Elsbeth (Ringelblume, Thymian, Löwenzahn) meinte:

»Zwei Reihen Kartoffeln brauchst, eine Reihe Gurke und eine mit Zwiebeln, Rüben und Salat, zweimal Holunder und zweimal Johannisbeere, einmal rot, einmal schwarz. Und ein Eckchen für den Kompost, dass du wieder neue Erde machen kannst.«

Liesl (Apfelminze, Wasserminze, Schwarze Minze):

»Grünland, brauchst Sabina. Mit Grünland bist auf der sicheren Seite. Dann hast fünf Stück Vieh oder besser zehn. Dann noch die Hühner und eine Schaukel für die Kinder brauchst du auch, und ein Plätzle fürs Brennholz und eine Bank zum abends in die Berge schaun und ...«

»Du brauchst ganz schön viel – Erde«, meinte die Sabina lächelnd.

»Wennst deine Milch haben willst und einen Käse essen magst, Sabina«, antwortete die Liesl, »dann brauchst halt schon a rechts Stückle. Sag, willst was kaufen? Der Braunmüller hat zu viel, er tät was abgeben, hab ich gehört.« Die Sabina lächelte und hob abwehrend die Hände.

Liliane (Ysop und Rosmarin) schwieg lange, dann sagte sie:

»1,80 mal 50.«

»Und davor, Liliane?«, fragte die Sabina leise.
»Davor?«
»Ja.«
Als Liliane stumm blieb, meinte Sabina: »Platz für ein Beet mit Ysop? Und für ein Tischchen zum Buchablegen? Ein kleines?« Liliane nickte, mit Tränen in den Augen.
»Und vielleicht für einen zweiten Stuhl? Wär da nicht noch ein Stückl Platz?«
Wieder nickte sie.
»Dann lad doch den Vinzenz mal endlich ein, Liliane«, sagte die Sabina. »Wo er doch so drauf wartet.«

Vroni (Kamille pur) meinte: »So viel Erde, dass es keinen Streit drum gibt; so wenig wie möglich; gar keins. Zur Pacht, das geht.«
»Weil jeder immer mehr haben will, als er brauchen kann, meinst das?«, fragte die Sabina.
Vroni nickte.
»Weißt, dass die Angelika und ihre Halbschwestern das Rössle zurückhaben wollen?«
Die Sabina setzte sich gerade auf vor Schreck.
»Noch hab ich's nur läuten hören. Vielleicht überlegen sie sich's noch. Die Angelika jedenfalls braucht ja das Rössle nicht, sie hat doch ihren Hof.«
Sabina nickte nachdenklich. Sie kannte die Angelika und wusste, dass brauchen oder nicht brauchen hier nicht die Frage war, nur: haben wollen oder nicht haben wollen.

Franzi (Zitronenmelisse und Thymian): »Gerad so viel Erde braucht der Mensch, dass er noch in den Himmel schauen mag, nicht nur auf sein Land, sondern auch in die Wolken. Gehört doch beides zusammen. Himmel und Erde – und die Luft dazwischen, weißt? Das muss halt gerad gut zueinander passen.«

Diese Antwort gefiel der Sabina. Sie hatte es geahnt und die Franzi an die letzte Stelle ihrer Umfrage gesetzt. Franziska Heberle, von der man nie hätte sagen können, sie sei ganz in ihrem Element, weil sie es mit den Elementen nur in der Mehrzahl hielt. Franzi mit ihrer frischen Luft und ihrer gut bestellten Erde. Mit ihrer Freude an ganz kaltem Wasser am Morgen (auch im Winter) und einem kleinen Feuer im Ofen am Abend (auch im Sommer).

Franzi goss ihr noch eine Tasse Tee ein und sah Sabina lange an, wie die erst in den Himmel schaute, dann auf die Erde und dann nach innen.

»Bist schwanger, Sabina?«, fragte sie.
Sabina hob den Blick und lächelte.

Wie viele Jahre waren vergangen, seit die Sabina in einen Sonntagsgottesdienst reingerauscht kam, um ihren Vater zu einer kalbenden Kuh zu holen? »Komm schnell, Vatta«, hatte sie in die Predigtworte reingerufen, »bei der Selma ist's jetzt so weit und 's Kälbe liegt nicht gut. Am End verrebelt's.« Und als der Leihpfarrer sie zur Ordnung rief – er kam aus der Stadt, und Kalben war ihm kein Begriff –, hatte sie ihm, ohne die Stimme im Mindesten zu senken, ein »jetzt red i, du bisch glei wieder dran« entgegengehalten.

Damals, nach diesem denkwürdigen Erscheinen Sabinas in der Kirche, hatte Franzi am Nachmittag einen Spaziergang am Hof der Familie Sonthofer vorbei gemacht, um zu schauen, ob das Kalb gut auf die Welt gekommen war. Die Sabina, noch mit blutiger Schürze, hatte genickt, müde und erleichtert.

»Habt's die Selma gut mit Eukalyptus gespült?«, hatte die Franzi wissen wollen, »das ist noch immer das Beste.«

Sabina hatte genickt. »Ja, das macht der Vater eh immer. Jetzt schlafens alle drei, die Selma, 's Kälbe und er ...«

Auch sie beide hatten in der Nachmittagssonne auf einer Bank vor dem Haus ein bisschen gedöst. Dann hatte die Sabina auf einmal gesagt: »Ich hätt auch gern eins.«

»Nur eins?«, hatte die Franzi gefragt.

»Ich würd halt mit einem anfangen«, hatte Sabina geantwortet.

»Dann fang doch mal an«, hatte die Franzi daraufhin gesagt.

An dieses Gespräch erinnerten sie sich beide, ohne es einander sagen zu müssen. Jetzt, wo's so weit war. Und Franzi wusste sehr gut, dass über diese Erinnerung hinaus erst einmal nichts zu fragen, zu sagen oder zu tun war.

Allerdings geriet, als sich unter Sabinas T-Shirts immer sichtbarer ein Bauch wölbte, das Dorf in Aufruhr:

Hatte doch die Sabina, als sie aus Idlib wiedergekommen war, ganz offensichtlich an Gehaltszetteln und Liebesnächten nicht mehr das geringste Interesse gehabt, war nicht einmal in die Stadt gefahren. Und nun war sie auf einmal schwanger, und keiner wusste, von wem. Es gab Männer, die fanden die Spekulationen darüber, von wem die Sabina schwanger war, eine Zeit lang interessanter als die Frage, an welchem Spieltag Bayern München vorzeitig Herbstmeister werden würde. Sie schauten prüfend in die Runde, ob nicht doch einer von ihnen durch Sabinas Raster gerutscht war, gingen im Geiste alle durch, die überhaupt infrage kamen – das waren so viele nicht, denn die meisten waren ja schon kurz nach der Berufsschule Richtung Eigenheim-Acker unterwegs, mit Trauring und SUV und Ultraschallfoto und kamen also nach dem Sabina-Prinzip nicht infrage. Vielleicht hatte doch die alte Josefina vom Treibelhof recht, die in ihr unablässiges Kopfschütteln und Händezittern hineingestikulierte, die Sabina habe auf dem Gipfel des Hohen Ifen im Nordwind gestanden und sich von selbigem, der andernorts, so die Josefina, der Boreas geheißen wurde und für derlei bekannt sei, schwängern lassen. Die Vorstellung von einer Sabina, die als Windsbraut auf der äußersten Spitze des jäh abfallenden Hochplateaus den Nordwind empfing, erschien manchen nicht so weit hergeholt. Naheliegender jedenfalls als der Hohe Ifen selbst. Dennoch: Es war ein Rätsel. Es blieb ein Rätsel.

»Die Sabina brauchst nicht zu fragen«, wehrte Elfriede alle neugierigen Bemerkungen ab, »die schweigt wie ein Grab.«

\* \* \*

Bis eines Tages Ben nach der Arbeit nicht in seinen Kombi stieg, um zurück in die Kreisstadt zu fahren, sondern zu Fuß ins obere Dorf lief, eine lange und zwei kurze Straßen entlang, zum Haus der Familie Sonthofer. Er klingelte nicht, öffnete auch nicht das Gartentürchen, er stieg über den niedrigen Zaun, ging ums Haus herum, woher auch immer er wusste, dass die Sabina dort saß und versuchte, nicht zu rauchen. Genau dort fand er sie jetzt – auf ihrem Baumstumpf hockend, als wäre sie so fest mit ihm verbunden, wie eine Statue einem Block Marmor erwächst. Ben zog sich einen Stuhl heran und machte ebenfalls keinerlei Anstalten, sich von dort in absehbarer Zeit wieder zu erheben. Elfriede, die immer, wenn die Sabina so festgewachsen dasaß, im Wohnzimmer, von wo aus sie auf die Terrasse schauen konnte, etwas zu tun und zu wirtschaften suchte und fand, schluckte ihre Überraschung mit einem Glas Molke hinunter. Eine freudige Überraschung, denn sie mochte Ben. Den Vater ihres ersten Enkelkindes – wovon sie unmittelbar überzeugt war. Und dann ertappte sie sich, die mit dem Gehaltszettel-Gerücht vertraut war, doch tatsächlich bei der Frage, was ein Quartiersmanager so verdiente. Ob es wohl reichen würde, eine kleine Familie zu ernähren – oder auch eine große. Eine ganze Schar Enkel, ja, die hätte sie schon gern, dachte sie, während sie die Anrichte abstaubte und gut gefaltete Tischdecken aufs Neue zusammenlegte, nur um etwas zu tun – bis sie schließlich nicht mehr die geringste Idee hatte, was es sonst in diesem Haus noch zu tun gäbe und sich mit Blicken aus genau diesem Fenster verbinden ließe.

Da kam plötzlich Bewegung in das Bild, in dem sich so lange nichts gerührt hatte. Sabina auf dem Baumstumpf in Rauchhaltung, ohne zu rauchen, Ben davor, auf einem Stuhl sitzend, zu ihr hingebeugt. Durch die Fensterscheibe sah es jetzt so aus, als würde die Sabina sagen: »Komm mit« – und so war es wohl auch, denn ebenso rasch wie sie erhob sich auch Ben, schulterte seinen Rucksack und folgte ihr ums Haus herum auf den Weg, der durch die Wiesen hinaufführte, wie Elfriede, die rasch durch den Flur in die Küche gelaufen war, beobachten konnte. Eine

Zeit lang ließ sich durchs weit geöffnete Küchenfenster der langsame Aufstieg der beiden verfolgen. Aber sie wusste sowieso, wohin Sabina Ben führte: Dort droben war ja nichts außer dem kleinen, seit Jahr und Tag verlassenen Hof, den niemand mehr retten wollte oder konnte. Nachdem die Besitzverhältnisse soweit geklärt waren, dass klar geworden war, dass sie sich nicht weiter würden klären lassen, war er irgendwann einmal der Gemeinde zugeschlagen worden, die zweimal im Jahr die Wiese ums Haus mähen ließ. Schon in Elfriedes Kindertagen waren die Reste von Scheune und Stall morsch und abgesperrt gewesen, was weder ihre noch die nachfolgenden Generationen von Kindern abgehalten hatte, darin herumzuklettern und Verstecken zu spielen. Wahrscheinlich, weil von den Hofgebäuden so wenig übrig geblieben war zwischen den eingefallenen Zäunen, dass, solange sie zurückdenken konnte, immer nur vom »Einödle« die Rede gewesen war. Eine geradezu zärtliche Einsamkeit schwang in diesem Namen. Eine Verlassenheit, die nichts Garstiges und Kaltes hatte; dafür sorgte schon die Linde, obschon es eine Winterlinde war. Der Hof stand mit der Scheune nach Westen, die Felder in leichter Hanglange Richtung Berge. Ein herrlicher Platz am Abend war das. Andererseits hatte der wiaschte Ostwind dort droben ein leichtes Spiel.

Dass die Sabina sich bloß nicht verkühlt, in ihrem Zustand, dachte die Elfriede, und ihr Gesicht strahlte auf eine Weise, die zu dieser Befürchtung gar nicht passte, wohl aber zu allen Hoffnungen, die auf einmal im Raum standen.

※ ※ ※

Sabina war schwanger, und sie wollte das Kind und alles, was mit dem Kind zusammenhing; nur nicht im Neubauviertel ein Kinderzimmer einrichten, das nicht. Aber der kleine Hof, das Einödle, mit seinen Zimmerchen und Winkeln und dem weiten Blick, das ginge – vielleicht. Wenn es sich herrichten und günstig kaufen oder pachten ließe – womöglich.

Sie führte Ben durch das verlassene Haus. Sie versuchten, so viel Licht wie möglich hineinzulassen, und gerieten ins Pläneschmieden: wenn man hier … und ließe sich nicht dort … – als wäre das Einödle ihnen bereits überlassen, mit Grundbucheintrag und Renovierungskredit.

In einer dunklen Ecke nahe der ehemaligen Kochstelle strich Sabina über den Balken und legte Bens rechte Hand darauf, während sie ihm die Augen zuhielt.

»Da ist etwas«, sagte er.

Sie nahm ihre Hand weg und ließ Ben im Schein ihres Feuerzeugs ansehen, was sie noch nie jemandem gezeigt hatte, seit sie vor vielen Jahren entdeckt hatte, dass sich unter den Resten einer schmutzigklebrigen Schicht eine eingeritzte Zeichnung verbarg.

»Ein Schuh«, sagte Ben.

»Nicht einfach ein Schuh«, antwortete Sabina, »ein Bundschuh. Das war das Zeichen der aufständischen Bauern. Damit sind sie in den Kampf gezogen. Ihre Art Schuh war das.«

»Was haben sie erreicht?«

»Nichts. Verfolgt sind's worden und aufgehängt.«

»Jesus«, meinte Ben.

»Hat ihnen nicht geholfen«, sagte Sabina.

»Wenn er wirklich von damals ist, dieser Schuh, dann ist er fünfhundert Jahre alt«, sagte Sabina. »Und wenn wir das jemandem sagen, kommt das Einödle direkt ins Freilichtmuseum, und uns bleibt nur das Neubaugebiet.«

»Never.«

»Sag ich doch.«

Sabina zeigte Ben den Weg aus einer schmalen Hintertür. Obwohl der Himmel bedeckt war mit großen, schnell ziehenden Wolken, blendete sie die plötzliche Helligkeit, und beide hielten schützend die Hand über ihre Augen, während sie prüften, wohin man in die verschiedenen Richtungen sehen konnte: die Berge, das Dorf, die Packfabrik, die Autobahn.

»Weit draußen ist's schon«, meinte Sabina.

»Aber nicht aus der Welt«, sagte Ben.

»Unser Kind braucht jemanden zum Spielen.«

»Geschwister«, sagte Ben, der nie jemand anderen hatte als seine zwei Brüder, John und George.

»Kindergarten«, beharrte Sabina, deren Brüder nur sehr sporadisch als Spielkameraden zur Verfügung gestanden hatten.

»Weißt du, was die Franzi neulich zur Esma gesagt hat, als die gefragt hat, ob es ihr nicht zu einsam sei, allein in dem Haus? ›Wennst einsam bist‹, hat die Franzi gesagt, ›hast immer noch dich selbst, aber von allen verlassen darfst nicht sein. Dann bist verraten und verkauft.‹«

»Gilt das nur für Menschen oder auch für Häuser?«

»Für Häuser noch mehr«, meinte die Sabina lächelnd, »deshalb ziehen wir hier ein.«

# sterben und genesen

*er hat gesehen, wie sein vater den bundschuh ins holz geschnitten hat. nicht an einem abend. abend für abend hat der vater sich den schemel vor den balken neben dem ofen gezogen, hat sein messer aus der tasche geholt und es ins balkenholz getrieben. mit der faust hat er auf den stiel gehauen, mal laut, mal leise. die dunklen späne wurden heller und heller, rieselten zu boden und auf die schuhe des vaters, die auch bundschuhe waren. nicht ruhe gegeben hat der vater, bevor der schuh im holz nicht genau ein solcher war, wie er ihn selbst um den fuß gebunden hatte. im balken aber sind die riemen nicht geschnürt. ungebunden ringeln sie sich durchs holz. gut ist zu sehen: es sind bloß riemen, die ein stück leder zusammenhalten. es ist ein schuh, kein stiefel, es sind riemen, keine schnallen.*

*so soll er ausgesehen haben, der bundschuh auf der fahne vom joß fritz. nie hat einer die fahne gesehen, hat der vater gesagt, doch wisse man: aus seide ist sie, blau und weiß. ein kreuz ist darin und der bundschuh und eine maria und vielleicht auch der täufer johannes, und ein ›barmherziger gott, hilf den armen zu rächt‹, das steht auch auf seiner fahne. wenn er schreiben könnt, so der vater zum fidel, so tät er es nicht anderes schreiben. mit diesem messer in dieses holz.*

*bettler waren ins dorf gekommen, die sagten, der joß fritz, jung an jahren, aber grau sein bart, sei hingetreten vor die bundschuher und habe gerufen, dass er nicht kön-*

*ne sterben, bevor nicht der bundschuh seinen fortgang nimmt. da ist der vater fortgegangen mit den anderen. mit dem ulrich schmied, der den baltringer haufen geführt hat, überhaupt mit allen bauern, auch denen vom see, mit allen, die aufbrechen, wie er selbst nun aufbreche, wolle er sterben und genesen. was immer auch geschehe, treulich erdulden. dies war sein schwur.*

*stolz ist fidel gewesen auf den bundschuh im holz. und angst hat er gehabt, dass er ihn kopf und kragen würd kosten, wenn ein herr ins haus kommt oder ein pfaffe. oder einer, der den schuh verrät. die mutter hat wachs in den schuh gedrückt, wie wenn sie dem schuh die augen zudrückt statt denen, die ihn nicht sehen dürfen. der fidel hat asche darübergerieben. soll niemand sehen, was nicht gesehen werden soll.*

*ob der tag kommt, an dem er mit einer flamme das wachs aus dem balken lösen wird?*

*ob je die bauern wieder aufstehen und zusammen gehen werden?*

*eben erst sind sie ja auseinandergegangen. in die einöde. damit ein jeder allein zu recht kommt. aber können sie allein zu ihrem recht kommen? wie können sie einander schwören, wie sich verschwören, wenn sie einander nicht sehen?*

*gerade ist seine frau aus dem haus gestürzt, der herd nicht eingerichtet, die felle nicht verteilt, die hühner ohne stroh. ein kind hat sie zur mutter gerufen. mit wehenden röcken ist sie ins dorf geeilt. er sieht sie rennen auf dem langen weg, das kind an der hand. sie rennen gemeinsam, weil anna metz, die frau vom wirt, schwer in den wehen liegt, und eine jede gebraucht wird, die weiß, was jetzt zu tun ist.*

*auch der fidel wird gebraucht. heute liegt das haus vom kranz-bauern auf der flur und muss wieder aufgerichtet werden. noch einmal so weit wie sein hof vom dorf ist die einöde vom joseph kranz. das werkzeug wird ihm schwer auf der schulter liegen. aber es ist immer noch ein nachbar. noch ist das dorf nicht verloren, noch sind sie einander nicht verloren, denkt fidel endres.*

*aber noch ist auch nicht die zeit, wachs und asche aus dem bundschuh zu kratzen. noch nicht.*

# VI.

Von allen verlassen darfst nicht sein, hatte Franzi gesagt. Dann bist verraten und verkauft.« Genau wie Sabina es weitererzählt hatte.

»Verraten und verkauft?«, hatte Esma damals weitergefragt.

»Das sagt man so, wenn du von allen im Stich gelassen wirst.«

»Im Stich gelassen?« Esma wollte es wirklich wissen.

Franzi suchte nach der tauglichsten Erklärung.

»Wenn du von allen guten Geistern verlassen bist.«

Esma nickte. Sie hatte verstanden. Sehr gut sogar.

»Meinst du, diese Angelika ist von allen guten Geistern verlassen?«, hatte sie kurze Zeit später den Faden noch einmal aufgenommen. Als Franzi wissen wollte, warum Esma gerade jetzt darauf kam, sagte sie: »Weil sie uns verraten hat und das Rössle verkaufen will.«

»Die wird sich schon besinnen«, meinte Franzi. »Und bis dahin machen wir einfach weiter.«

»Wir müssen sie einladen, immer wieder einladen und ihr gut zu essen geben«, sagte Esma.

»Und zwar im Rössle«, sagte die Franzi.

Franzi und Esma hatten eine besondere Beziehung. Jede kochte für ihr Lebtag gern, am liebsten für andere und mit dem, was die Natur, nicht nur der Supermarkt, hergab.

Beide liebten es, auf Papier zu strichen: Figuren und Geschichten die eine, die andere – sie hätte halt auch eine gute Architektin abgegeben; vielleicht wäre dies das Ergebnis einer »ganz anderen Art von Schule« gewesen, wer weiß. Beide dachten gern logisch, und beide waren stur wie Bergziegen. Hatten ihren eigenen Kopf. Franzi sogar zwei eigene. Und jeweils hatten sie es am Herzen. Letzteres wussten sie nicht voneinander. Die Franzi hatte es auch für sich selbst jedenfalls nicht so genau wissen wollen, als der Arzt vor vier Jahren von Kammern und Klappen gesprochen hatet, und Esma wusste schon seit ihrer Kindheit, dass Stolpern und Flimmern das Problem ihrer Familie waren, und hatte es ebenfalls beiseitegeschoben.

Sie waren einander nahegekommen seit damals, als sie das im Rössle zurückgelassene Bergsalz gemeinsam gekostet hatten. Den Kübel gab es noch. Es wurde maßvoll gesalzen in der Offenen Küche. Schließlich gab es auch noch die Kräuter. Überhaupt hatte der Sommer bislang reichlich gegeben: Spargel, Erdbeeren, Himbeeren, Kirschen, Salat, Rüben, Bohnen, Zucchini. Die Obstbäume hatten gut angesetzt. Natürlich war es auch in diesem Jahr insgesamt viel zu warm gewesen, im langjährigen Mittel, wie es hieß. Jetzt war es August, und es war eisig kalt. Seit einigen Tagen schon roch die Luft nach Schnee. Die Radfahrer trugen Handschuhe. Statt ins Freibad, das vorübergehend geschlossen wurde, gingen die Leute in die Therme. Ihr Atem kondensierte zu kleinen Wölkchen. »Für die Jahreszeit viel zu kalt«, hieß es nun, also machte man sich weiterhin Sorgen ums Klima; nur mit umgekehrten Vorzeichen. Immerhin war das »viel zu« konstant; diesmal in Verbindung mit den Heizkosten, die am Ende des Jahres »viel zu« hoch sein würden.

Heute Morgen waren die Wiesen oberhalb von Franzis Garten weiß gewesen. Es hatte auf achthundert Meter hinuntergeschneit, und gar nicht wenig. Auch wenn zur Mittagsstunde die Wiesen wieder grün gewesen waren, bis auf ein paar kleine weiße Flecken an schattigen Stellen.

Jetzt dämmerte es, und die Franzi saß mit Esma auf der Veranda, eingewickelt in Kamelhaardecken. Die hatte der Anton von den Kaffeefahrten mitgebracht. Er musste sehr gefroren haben als Kind, denn er konnte keinem Deckenangebot widerstehen. Kaum war die Franzi mal abgelenkt gewesen auf diesen Fahrten, durch eine schöne Aussicht, durch ein Gespräch mit Mitreisenden, schon hatte der Anton eine Kamelhaardecke im Gepäck gehabt. Franzi hatte geschimpft: Decken hatten sie wirklich genug. Aber nicht Kamelhaardecken, hatte der Anton gefunden und zu Hause mit zufriedenem Lächeln die neue Kamelhaardecke auf den Stapel gelegt. Eine ganze Kamelherde in allen Schattierungen von Braun und Beige. Weil der Anton diese Deckenbesessenheit gehabt hatte, konnten Franzi und Esma jetzt jeweils auf zweien dieser Decken sitzen und hatten noch genug Decken übrig, um sie sich um Schultern und Hüften und Füße zu wickeln.

Gerade hatten sie zusammen Chutney gekocht, um das ›Aufstriche‹-Regal des Hofladens damit zu bestücken: ›Chutney Franzi‹ mit frischem Oreganum, ›Chutney Esma‹ mit Kardamom. Eingekocht hatten sie dieses Mal nicht in der ›Offenen Küche‹ vom Rössle, sondern bei der Franzi, weil dort die Tomaten vom Balkon, die Kräuter aus dem Garten und die Gläser aus dem Kellerregal genommen werden konnten. Alles, was reif war, hatten sie abgeerntet und zu dicken Suden verarbeitet. Nun mussten die grünen Tomaten nachreifen. Aber wie sollten die das tun, bei diesen Temperaturen?

»In den Bergen«, sagte die Franzi und goss heißen Tee aus der Thermoskanne in zwei Becher, »musst immer mit Schnee rechnen.« Wie oft hatte sie in ihrer Kindheit gehört, dass das Braunvieh hoch oben auf der Alp mitten im Sommer bis über die Knie im Schnee steckte – über Nacht. Schneeluft war etwas ganz Besonderes, dachte Franzi. Wie ein Versprechen auf etwas, von ganz woandersher. Das war im Januar nicht anders als im August. Aber anders als im Januar standen jetzt Tisch und Stühle auf der Veranda, der Hopfen hatte sich am Spalier bis zur Dachrinne geangelt. Wie würde das wattige Weiß sich auf dem hellen Grün machen?, überlegte sie und schloss für einen Moment die Augen.

»Die Berge sind Wettermacher. Eine einzige große Wetterküche ist das dort droben«, setzte Franzi noch einmal an und machte eine kleine Kopfbewegung Richtung Süden. »Da musst auf alles gefasst sein.« Sie wiederholte damit genau die Worte, die ihr Anton oft gesagt hatte und die er jetzt und hier auf jeden Fall gesagt hätte.

»Aber die Berge sind weit weg«, meinte Esma. Es klang eher enttäuscht als träumerisch. »Wie können sie das Wetter kochen, das – hier auf den Tisch kommt?«

»Manchmal sind sie zum Greifen nah, wenn der Wind von Süden kommt«, antwortete Franzi, »dann denkst, gleich hinten im Feld stehen die, kannst einfach hochsteigen. Dabei musst eine Stunde Auto fahren, um überhaupt in die Näh zu kommen.«

»Der Wind schiebt sie hierher? Damit ihr sie besser

sehen könnt?« Esma lachte leise. »Sehr freundlich von ihm.«

Franzi überlegte kurz und kam zu dem Schluss, dass Esma der erste Mensch in ihrem Leben war, der im Föhn einfach nur einen freundlichen Wind sah, zumindest theoretisch, und beschloss, dass sie sie lieber gar nicht erst darauf stoßen wolle, dass mit diesem Wind etwas nicht in Ordnung sein könnte.

»Ja«, sagte sie stattdessen, »sehr nett von ihm, wo ich doch nicht mehr in die Berge kommen werde.«

Hatte sie das jetzt wirklich gesagt? Franzi erschrak über sich selbst. Das war doch gar nicht ihre Art, dieses Nicht-mehr und Nie-wieder und Wer-weiß-ob-überhaupt-noch-einmal. Lamentieren lag ihr nicht. Aber wenn Anfang August Schnee fiel, während noch die Tomaten reiften, dann war das auch keine Art. Tatsächlich hatte sich dieser Gedanke an den Schneetomaten und allem sonst noch Sagbaren so rasch vorbeigeschoben und ausgesprochen, dass sie ihn offenbar nicht schnell genug hatte zurückrufen können. Jetzt schmerzte er doppelt: weil er nicht nur hinten im Kopf leise rumorte, sondern weil er laut ausgesprochen und damit in der Welt war. In der Welt war und gleichzeitig ihre Zukunft besiegelt zu haben schien, ohne dass sie das gewollt hatte. Sie konnte gar nicht glauben, was sie da gesagt hatte: nie wieder den Mittag und nie wieder den Aggenstein. Und während sie darüber nachsann, was sie gar nicht gesagt haben wollte, war sie gleichzeitig erstaunt darüber, wie genau sie die Berge vor sich sah – als hätte sie ein Föhn nicht nur an den Rand der Felder, sondern direkt in ihre Gedanken hineingeschoben. So, als wäre es erst gestern gewesen, als sie mit dem Anton und den Kindern mit Rucksäcken,

Thermoskanne, Wanderkarte unterwegs gewesen war. Wie lange war das her, fragte sich die Franzi und suchte nach einer zeitlichen Dimension, die ihr mehr sagte als 1993 oder 1998 oder irgendeine andere Jahreszahl. War es ein Drittel ihres Lebens her, oder erst ein Viertel, oder gar die Hälfte? Nein, die Hälfte, das konnte nicht sein ... Jedenfalls war genug Zeit vergangen, dass sich die Kinder und Kindeskinder in Städten und Großstädten, größtenteils mehrere Zugstunden von hier entfernt, niedergelassen hatten. Und ›niedergelassen‹ schienen sie ziemlich wörtlich genommen zu haben. Vom Wandern und vom Bergsteigen hatte sie schon lang keinen mehr sprechen hören. Vielleicht hatte ja das Wandern, jedenfalls das Familienwandern überhaupt schon ganz aufgehört. Gleichzeitig mit dem Ausziehen der Kinder. Und dem weltweiten Netz. Dann wären sie die letzte Bergsteigerfamilie gewesen. Die Heberles. Wie sie dort zu sehen gewesen waren: am Geisalpsee unterm Rubihorn. Jede Einzelheit stand ihr vor Augen, zum Greifen nah.

Selbst wenn. Selbst wenn sie heuer einer fragen tät: »Gell, Franzi, kommst mit zur Starzlachklamm?« Die Knie. Die Hüfte. Und die Pumpe.

Nein, sie glaubte tatsächlich nicht daran, dass sie noch einmal in die Berge kam. Nun war es ausgesprochen; amtlich. Sie spürte Esmas Blicke auf sich, aber erst nach einer Weile des Schweigens begann Esma wieder zu sprechen:

»Wenn in den Bergen Schnee fällt, ändert der Himmel seine Farbe«, sagte sie.

»Du kannst ja gar nicht wissen, wie die Berge im Schnee sind – und der Himmel«, antwortete Franzi. In ihrem Schmerz über das ›Vorbei‹, das ›Nie wieder‹, das sie gerade besiegelt hatte, hatte sich eine gewisse Härte in ihre Stimme eingeschlichen. Dieses Arabien, aus dem die Menschen flüchteten, war vor ihren inneren Augen ein sehr flaches Land. Sand und nochmal Sand. Wüste eben – und irgendwo am Ende der Wüste: das Meer. Über das Esma hierher zu ihnen gekommen war. In einem dieser Seelenverkäufer von Schiffen. Sand und Meer. Aber Berge?

»Du kannst nicht wissen, ob ich weiß, wie die Berge sind«, antwortete Esma, zog ihre Beine unter den Po und die Decke fester um ihre Schultern; auch ihr Satz war nicht ohne Schärfe.

»Gibt's denn Berge dort, bei dir daheim?«

»Den Dschabal asch-Schaich.«

»Wie sieht der aus?«

»Wie der hinterste auf dem Salzeimer, drunten im Haus, nur flacher.« Esma hat immer einfach Haus gesagt; nicht Rössle. Vielleicht klang Rössle in einer Sprache, die Worte wie Dschabal asch-Schaich hervorbrachte, nicht schön. Franzi versuchte, sich zu erinnern, wie der hinterste Gipfel in der Bad Reichenhaller Bergkette aussah.

»Aber nicht weiß, gell?«, sagte sie. »Da drunten schneit's doch nie.«

»Und wie es schneit.«

»Nein!«

»Glaubst du nicht.«

Wie immer war bei Esma nicht ganz klar, welches Satzzeichen sie sich am Ende dieses Satzes vorstellte. Einen Punkt? Ein Fragezeichen? Ein Ausrufezeichen? Esmas ›Glaubst du nicht‹ stand auf einer dünnen, geraden Linie, die in alles münden konnte.

»Aber Fichten habt's dort sicher nicht.«

Franzi erhielt keine Antwort. Vielleicht kannte Esma das Wort Fichte nicht.

Franzi überlegte. Wie weit war sie in ihrem Leben nach Süden gekommen? Und was wuchs dort?

»Zedern?«, fragte sie.

Esma zuckte mit den Schultern. Dieses Wort schien sie nicht zu kennen.

»schadschar as-sanaubar«, sagte sie.

Diesmal war Franzi es, die nicht antwortete. Vielleicht hieß dieses Wort ja: Zeder.

Egal, welche Bäume da bis hinauf zur Baumgrenze wuchsen und wie viel Schnee dort fiel, Esma schien die Berge zu mögen, ein besonderes Verhältnis zu ihnen zu haben, und auf einmal, nach nahezu anderthalb Jahren, dachte Franzi, dass es vielleicht die Berge waren, die sie verbanden – Berge, in die man nicht mehr kam.

»Warst du oft dort?«, fragte Franzi, die Sehnsucht in Esmas Stimme sehr genau wahrnehmend. Sie war bereit, viele Geschichten von vielen Reisen und Ausflügen anzuhören. Aus Freundschaft – und Solidarität.

»Nie«, antwortete Esma. »Nie war ich dort.«

Franzi spülte mit einigen Schlucken Tee alles Erstaunen, jede schnelle Nachfrage hinunter.

»Aber du wolltest«, sagte sie dann.

»Ich wollte nichts anderes«, antwortete Esma.

Eine Weile war es sehr still zwischen den beiden Frauen. Wenn Esma nichts anderes gewollt hatte, als in die Berge zu gehen, aber nie in die Berge gegangen war oder nie in die Berge hatte gehen können, dann musste etwas sehr Gewichtiges zwischen ihr und den Bergen gestanden haben, so viel war klar.

Franzi dachte, wenn sie jetzt ihren Doppelkopf bekäme, dann würde sie sehen können, was zwischen Esma und ihren Bergen stand, ohne sie fragen zu müssen, denn man fragte ja nicht weiter, wenn jemand einen so in die Seele schauen ließ und in die Sehnsucht, dann musste man erst einmal leise sein. Aber die Franzi bekam keinen Doppelkopf, der kam nie auf Bestellung; immer nur, wenn er wollte, und gerade wollte er nicht.

Esma wiederum wollte heute Abend nicht über das sprechen, was zwischen ihr und dem Dschabal asch-Schaich stand. Jenes hoch bewachte Niemandsland, das ein Handstreich-Krieg zurückgelassen hatte. Drusische Dörfer, die geduldet wurden. Duldung war nichts für ihren Vater gewesen, einen stolzen, unduldsamen Mann, der gemeint hatte, es wäre gut, darauf zu horchen, im Sinne von abhorchen, was bei den Eroberern noch so alles geplant war mit diesem Bergzug, den die Welt in nichtarabischer Sprache zu nennen sich nicht zu rasch gewöhnen sollte, seiner Meinung nach. Und wie er dann selbst abgehorcht worden war beim Abhorchen und über Nacht mit seiner Familie flüchten musste, mit einem neugeborenen Kind; das war sie selbst gewesen. In Damaskus konnte man untertauchen, wie in einem Meer von Menschen, aber in diesem Meer war es schwierig bis unmöglich, die Berge im Blick zu behalten. So erzählte man sie sich. Was auf den Hängen wuchs: Wein und Oliven, Äpfel und Pomeranzen, Mandeln, Feigen und Aprikosen: fast ein Paradies. Und was den Gipfel bedeckte, in wundersamer Frische: Schnee und Eis: nahezu im Himmel.

In einem Fotoband, dem Lieblingsbuch ihrer Kindheit, hatte Esma sich oft den Schnee angesehen. Gut belichtet und unterschiedlich objektiviert: immerzu als weißblaue Kappe auf dem Dschabal asch-Schaich. Sie wusste, was Schnee ist, aber nicht, wie Schnee ist. Wenn es schneite auf dem Dschabal asch-Schaich, dann für israelische Skipisten. Nicht für sie.

Esma sann diesen Bildern nach und schwieg, aber die Art, wie die Frauen abwechselnd Tee tranken, die Decken fester um sich zogen, einander eine weitere Tasse einschenkten, war auch eine Art Gespräch. Nein, Esma wollte nicht sprechen, aber zum ersten Mal, seit sie Damaskus verlassen hatte, begann sie, hier auf Franzis Terrasse, eingewickelt in Kamelhaardecken, Figuren zu sehen; Figuren, die sich zeichnen ließen. Genauer gesagt, sah sie sich selbst als eine – Gezeichnete: als Kind, als Jugendliche, als junge Frau, als Mutter, als Geflüchtete. Berge im Hintergrund. ›What's your background?‹, hatte die Frau sie neulich im Amt wieder einmal gefragt. ›Syria‹, hatte sie geantwortet. ›Mountains‹, hätte sie besser sagen sollen. Oder: ›Dschabal asch-Schaich‹. Ihr Hintergrund. Im Hintergrund ihres Lebens: Dschabal asch-Schaich.

Ein Zauberwort und zugleich ein anderer Name für einen Streit zwischen verfeindeten Staaten um Wasser und Berge. Konnte man einem Volk das Wasser wegnehmen? Man konnte. Konnte man einem Volk einen Berg wegnehmen? Man konnte. Alles konnte man wegnehmen. Sogar den Schnee.

Nach so vielen vergeblichen Anläufen lag an diesem Abend, mit diesem Schneegeruch in der Luft, den sie nicht kannte und der sie doch ebenso wie eine Erinnerung ankam wie der schneebedeckte Gipfel des Dschabal asch-Schaich, eine Geschichte von zweihundert Seiten vor ihr, die sich nicht erzählen, aber zeichnen ließ: ›Esma, la Druze‹. Oder auch ›Esma ohne Berg‹.

»Jetzt bist so weit gereist und noch immer nicht in den Bergen«, sagte Franzi, auf einmal nicht mehr sicher, ob sie Esma nicht doch eine Brücke bauen sollte ins Erzählen – und spürte in demselben Moment, in dem sie es aussprach, dass das Wort ›reisen‹ die Sachlage nicht ganz traf, obwohl ja immer von ›Einreise‹ gesprochen wurde in diesem Zusammenhang. Wie hätte sie es sonst sagen sollen?

Esma nickte. In die Nacht hinaus. In ihre Geschichte hinein.

Franzi wollte nicht, dass das Gespräch durch das Nichterzählte an ein zu schnelles Ende kam. Sie wollte noch ein wenig länger hier auf der Veranda bleiben, den kommenden Schnee riechen, Tee trinken, jemandem nahe sein.

»Wie sehen deine Berge aus – im Schnee?«, fragte sie.

Esma, die jetzt wusste, dass sie die Bilder, die sie vor sich gesehen hatte, nicht mehr vergessen würde, dass sie sie würde aufzeichnen können, gleich morgen, vielleicht schon in dieser Nacht, dass sie nichts davon wieder verlieren würde, auch wenn sie sich jetzt der Franzi und ihrer Frage zuwenden würde, einer Frage zudem, die ja mit ihrer Geschichte zu tun hatte, die vielleicht sogar ins Herz dieser Geschichte ging, überlegte kurz: Wie wird sie ihren Bergschnee zeichnen?

»Wie der weiße Saum eines sehr blauen Kleides«, sagte sie, »weißt, was ich mein?«

»Ja«, sagte Franzi. »Wie ein breites Samtband oder ein Streifen Pelz.«

Nachsichtig schüttelte Esma den Kopf. »Nein, das ist zu glatt, zu gerade.«

»Aber flattrig, das kann der Schnee doch gar nicht«, überlegte Franzi.

»Musst dir so in Wellen denken, ein Wellensaum halt«, antwortete Esma. In dieser speziellen Variante eines »Ich-sehe-was-was-du-nicht-siehst« entging es Esma, dass sie selbst ihre Berge hauptsächlich aus einem Bildband kannte.

»Es gibt ein Salz, das ist so blau. Auf so eine Art blau wie der Dschabal asch-Schaich. Es kommt aus dem Irak. Meine Mutter hat es manchmal gekauft; für ein Festessen.«

»Es ist wirklich – blau?«

»Nein, es ist Blau im Weiß. Viel Blau. Sehr blau. Aber in Weiß.«

Blau in Weiß. Das klang in Franzis Ohren wie Aal in Aspik oder Würstchen im Schlafrock.

»Das würd ich gern mal kosten«, meinte Franzi, »ob man schmeckt, wie blau es ist.«

»Es ist das salzigste Salz. Es ist so salzig. Glaubst du nicht. Lustiges Salz.«

Lustiges Salz war eine neue Kategorie für Franzi. Lustig war bislang für sauer reserviert gewesen. Aber wahrscheinlich hatte Esma ›köstlich‹ gemeint: köstliches Salz.

»Wie sehen deine Berge aus, Franzi?«, fragte Esma. Zum Thema Blauweiß, hatte sie das Gefühl, war jetzt alles gesagt.

Franzi dachte ans Geishorn und an den Hochvogel. Ans Riedberger Horn. An den Schneck.

Sie schloss die Augen und ließ sich für einen Moment in die Erinnerung sinken, in die schönsten Momente und

Ausblicke der Bergwanderungen vergangener Tage. Die Hohen Gänge und Westabstürze. Die schrofigen Südhänge, seltsam bewachsen, durchs Oytal zum Himmeleck, die Alpenrosenhänge auf dem Weg zum Gipfel. Absolutes Pflückverbot. Man durfte sich sattsehen.

»Sie sind nicht wie ein Saum. Sie sind wie mit der Zickzackschere geschnitten, ganz grob, aber dann ist doch ein schönes Muster rausgekommen. Mal weiß, mal grau und grün, und wenn du mittendrin bist in den Felsen, hast halt überall die Blumen, die du sonst nicht hast, und die Greifvögel, an denen hat mein Anton sich ja nicht sattsehen können. Einmal hat er sein Fernglas vergessen gehabt, ist zurückgelaufen, sicher mehr als fünf Kilometer, und hat uns doch wieder eingeholt. Er ist gut beieinander gewesen, der Anton, noch lange ...«

Esma nickte. Den Kamelhaardecken-Anton, dem für den Flug der Vögel kein Weg zu weit war, den hätte sie gern kennengelernt. So nah war sie eben den Bergen nie gekommen, dass sie hätte sehen können, welche Blumen dort wuchsen (wenn welche wuchsen), und welche Vögel dort flogen.

»Steigst auf, steigst ab, rechts und links die Felswände, immer bleibt die Erde unter deinen Füßen, immer gibt es einen Weg«, fuhr Franzi fort, »ist das nicht ein Wunder?«

»Immer ein Weg?«, fragte Esma.

»Jedenfalls dort, wo wir unterwegs waren«, meinte Franzi, »da gab es immer einen Weg; oft mehrere: einen schmalen, steilen für die Kinder, einen breiten, flacheren für die Älteren, die den Rucksack tragen. Und solche für die, die dort droben mit dem Rad unterwegs sind – glaubst du nicht.« Sie lachte, als sie merkte, dass sie gerade Esmas Worte aufgenommen hatte.

»In meinen Bergen gibt es keinen Weg«, sagte Esma. »Meine Berge sind Beute. In der Beute gibt es keinen Weg.« Nein, sie glaubte auch nicht mehr daran, dass sie noch einmal in die Berge kam. Jedenfalls nicht in ihre.

»Vielleicht in deine, Franzi«, sagte Esma. »Vielleicht gehen wir einmal zusammen in deine Berge.« Sie lächelte Franzi an, wickelte sich aus den Decken, legte sie sorgfältig zusammen. Die mit Samtband umnähten Kanten genau übereinander – wie es dem Anton gefallen hätte; nahm sie an. Es war Zeit für sie zum Aufbrechen, denn sie wollte noch mit ihrem Sohn Zeugnisse und Dokumente heraussuchen, für ein Betriebspraktikum. Und die Tochter brauchte einen Mohn-Sesam-Kuchen für den Schulbasar. Dies alles erzählte sie der Franzi, während sie eigentlich nur an Stift und Papier dachte; an ›Esma ohne Berge‹. Franzi lächelte und nickte. Immer noch alles wie früher – und genau wie bei uns, dachte sie. Aber wie sollte es auch anders sein?

Wenig später winkte sie Esma nach, die sich auf Höhe des Nachbarhauses noch einmal umgedreht hatte, ging in die Küche, spülte rasch die Teetassen ab. Als sie das Geschirrtuch zum Trocknen an den Ofen hängte, hielt auf einmal eine große Müdigkeit Einzug in ihren Körper. Sie begann ganz unten in den Zehen und oben in den Haarwurzeln und breitete sich von dort nach oben und unten aus, als wolle diese seltsame Müdigkeit ihre Mitte umzingeln, so umfassend und so bleiern, dass sie sich jetzt fast schon wie eine plötzliche Übelkeit anfühlte. Wohl von der Kälte, überlegte Franzi und legte sich in Kleidern aufs Bett. Nur mal kurz, dachte sie, danach hole ich das Vlies aus dem Keller, decke die Tomaten ab, schließe die

Türen und lösche das Licht – wobei sie sich um Schnaken weiß Gott nicht zu kümmern brauchte – bei diesen Temperaturen!, dachte sie und lachte einmal kurz auf. Jedenfalls hörte sie sich kurz auflachen. Seltsam hohl klang das – vielleicht hatte sie eine Luftblase in den Ohren? Wie auch immer, die Tomaten mussten unter allen Umständen abgedeckt werden. Tomaten und Schnee, das vertrug sich einfach nicht. Es führte kein Weg daran vorbei, in den Keller hinabzusteigen, müde oder nichtmüde, übel oder nichtübel, man konnte nicht eine ganze Tomatenernte aufgeben, nur weil es einem gerade nicht gut ging. Also in den Keller hinab und mit dem Vlies wieder hinauf – sie steigt und steigt. Die Beine so müde. So müde. Steigt weiter und weiter, als sei sie nun doch noch einmal in die Berge gekommen; von jetzt auf gleich. Hier auf der Kellertreppe beginnen die Berge, nicht erst am Feldrand hinter dem Haus wie bei Föhn oder hundert Kilometer südwärts am Parkplatz in Balderschwang. Sie sind schon da, ihr entgegengekommen. Mühsam ist es dennoch; allzu mühsam. Sie hört sich schnaufen, aber so fremd, als würde jemand anders für sie das Schnaufen übernehmen, wo sie's aber doch in ihrer Brust fühlt. Vielleicht ist ihr die Brust so eng, weil da noch wer mit drinnen sitzt. Wie geschieht ihr denn? ›Wollt doch nur die Tomaten abdecken‹, sagt sie sich. Und wiederholt es in dieses Schnaufen hinein, das immer noch wie von außen an ihr Ohr dringt, aber sie trotzdem von innen her bedrängt. Wollt doch nur die Tomaten abdecken ... Wollt doch nur die Tomaten ... Wollt doch nur ... aber wem sagt sie es denn? Wem denn? Sich selbst? Ist sie denn nicht seit Langem daran gewöhnt, mit sich selbst zu sprechen? So daran gewöhnt, dass sie keine Antwort erhält, dass sie erschrecken müsste, auf einmal eine Antwort zu erhalten. Aber sie erschrickt nicht. Sie ist nur froh, dass sie dieses Schnaufen gerad nicht hören muss.

»Soweit hinunter wird's doch sicher nichts tun«, sagt eine Stimme. Nicht laut, nicht leise. Nicht nah, nicht fern. Die Franzi freut sich, dass jemand da ist – nicht nur im Bilde über die Problematik, sondern auch noch mit einer gewissen Vorhersagekraft ausgestattet. Dann ist es ja nicht so schlimm, dass sie mit dem Vlies in der Hand die Tomaten noch immer nicht erreicht hat. Erleichterung ergreift die Franzi wie einen Taumel. Die wunden Füße, die schweren Beine, der laute Atem, alles wird mit einem Mal leichter, so leicht, als sei nicht nur das Tuch in ihrer Hand, sondern sie selbst, die ganze Franzi von Kopf bis Fuß, ein hauchdünnes Gemisch aus Gaze.

»Ach, das ist gut«, sagt sie. »Dann haut's die nicht gleich z'sammen. Willst einmal danach schauen bitte, solang ich nicht da bin.«

»Wollen will ich schon, aber nicht alles liegt in meiner Hand.«

»Es geht doch nur um ein, zwei Grad in der Nacht, weißt? 's ist August!«

Warm ist ihr, sie will sich den Schweiß von der Stirn wischen, aber sie hat die Hände nicht frei. Sie muss doch dieses Vlies festhalten.

»Verstehe, aber weißt, ich arbeite hier nur am Empfang. Ich will schauen, was ich tun kann … Schnee im Sommer … Schnee im Sommer … Da musst vielleicht mal mit der Maria Schnee sprechen.

Schon hört Franzi eine Stimme rufen, nicht jung, nicht alt, nicht hoch, nicht tief, nicht freundlich, nicht unfreundlich. Maria Schnee bitte zur Pforte. Maria Schnee zur Pforte bitte.

Ein Lachen schüttelt sie von Kopf bis Fuß: Unsere Liebe Frau vom Schnee, ausgerufen wie in einem Kaufhaus: ›Maria Schnee‹ bitte an die Kasse. Sie kann mit dem Sichschütteln überhaupt nicht mehr aufhören, obwohl sie doch längst aufgehört hat zu lachen. Jetzt merkt sie, dass sie nicht vor Lachen, sondern vor Kälte zittert. Ist es, weil Maria Schnee naht?

Erscheint sie dort? Nein, da ist nichts außer einem Wirbel von Farben, wie wenn man die Augen schließt, nachdem man zu lange ins Helle gesehen hat. Aber hatte sie die Augen überhaupt offen gehabt? Sieht sie nach außen oder nach innen? Sie weiß es nicht. Sie spürt ihre Augenlider nicht. Und ist da jetzt nicht doch ein Gesicht? Augen und eine Stirn? Nein, sie hat sich getäuscht. Aber eine Stimme ist da, sanft und sachlich zugleich:

»Es geht um Tomaten?«, fragt sie.

»Es geht um Schnee«, antwortet Franzi. »Auf den Tomaten – im August.« Sie kann nicht anders, als einen Vorwurf daraus zu machen.

»Ach, deshalb hat man mich wieder gerufen.« Anna Wald seufzt. »Einmal Schnee im August, und schon ist man immer fürs Wetter zuständig. Wenn ich das damals geahnt hätte, dass ich das nimmer loswerde – ich hätt mir etwas anderes einfallen lassen. Für diesen Schnee, der jetzt bei dir liegt, jedenfalls kann ich nichts.«

»Und kannst auch nichts dagegen tun?« Franzi ist bestürzt. Sie ahnt: Dies ist womöglich die höchste Stelle für ihr Anliegen. Und wenn hier nichts getan werden kann …

»Es wird schon nicht so arg kommen«, sagt Maria Schnee, freundlich, aber doch auch etwas hastig, halb schon wieder im Gehen. Die Franzi, leicht beruhigt, ergreift die Gelegenheit – wer weiß, ob sie der Maria Schnee noch einmal so nahekommen wird:

»Was hast dir damals dabei gedacht?«, fragt sie.

»Mei, ich hab mir halt gedacht, dass es ganz einfach und deutlich sein muss. Etwas, was es auf Erden nicht gibt. Ein Zeichen des Himmels eben.«

»Aber es schneit doch immer mal im August«, wendet die Franzi ein.

»Hoch droben schon, aber in Rom? Anfang August? Nein, das war keine so schlechte Idee. Und es hat ja geklappt. Das Kind, um das die beiden mich angerufen haben, wurde geboren. Und wo der Schnee lag, steht jetzt die Basilika. Die ist fei schön ...« Maria Schnee seufzt – wie wenn sie schon allzu lang nicht mehr dort gewesen wäre.

»Ist das heuer auch ein Zeichen für etwas?«, fragt die Franzi.

»Jedenfalls nicht von mir«, meint Maria Schnee nachdenklich.

Die Franzi weiß nichts zu sagen, obwohl sie gern etwas sagen möchte. Die Stille ist ihr unheimlich.

»Und du, Franzi, bist jetzt bei uns?«, nimmt Maria Schnee das Gespräch wieder auf.

»Ja!«, antwortet die Franzi ganz automatisch. Sie war ja hierher aufgestiegen – und angekommen, auch wenn sie noch am Eingang steht, wie an einer Rezeption oder einem Informationsschalter. Während sie dies denkt, geht ihr auf, dass dieser Ort einer ist, von dem man womöglich nicht zurückkehrt, und sie ruft laut, sehr laut: »Nein!« Fast ein Schrei ist das. Sie sei doch nur zu Besuch. Hat sich verstiegen auf der Kellertreppe, mit diesem Vlies. Sie zeigt es vor, ein Beweisstück dafür, dass sie unten gebraucht wird. Weiter will sie gar nicht hinein, bestimmt nicht, nicht jetzt. Noch nicht.

»Bist nicht schon angemeldet?«, fragt Maria Schnee leicht irritiert.

Franzi überlegt, ob ihr kurzes Gespräch an der Pforte als offizielle Anmeldung gegolten haben könnte, und schüttelt den Kopf, so heftig, dass sich abermals alles an ihr mitschüttelt: »Nicht, dass ich wüsst.«

»Aber jetzt, wo du schon mal hier bist ...«, sagt Maria Schnee.

»Nein, wart!«

»Hat da jemand wieder nicht aufgepasst? Mit wem hast denn am meisten zu tun gehabt?«

»Sankt Anna im Walde.«

»Richtig. Gleich bei dir ums Eck.«

Franzi nickt und denkt: ja, schnell mit dem Rad durch die Fichten und hinauf bis zur Kapelle. Das Gasthaus daneben mal offen, mal zu; mal Zwetschgendatschi, mal Bienenstich, mal Beerenwein. Und immer mal nichts von alledem. Von offen und geschlossen unbenommen, egal, ob Stühle draußen stehen oder Sonnenschirme aufgespannt sind oder alles zusammengeschnürt an der Hauswand steht – immer da in einer kleinen Kapelle: Sankt Anna. Ihre Ansprechpartnerin. Wieder gluckst ein unbändiges Kichern in Franzis Kehle hoch, ein Kichern, das nicht mehr aufhören will, obwohl die Sache von größtem Ernst ist, von heiligem Ernst, das spürt sie wohl, und doch kann sie nichts dagegen tun.

»Fragen wir dort mal nach«, sagt die Maria Schnee, »bei der Anna Wald.«

Wieder hört Franzi dieses Rufen: nah und nüchtern,

ein Laut, gerufen in eine unfassliche Weite hinein, wie in Watte hinein, gerufen, um jemanden zu finden, nicht, um jemanden zu holen: Anna Wald an die Pforte ... Anna Wald an die Pforte ...

Sie warten. Das Warten wird lang. Franzi meint, ein leiser werdendes Echo zu hören: ›Anna Wald an die Pforte‹. Sie schweigt, weil alles in der Schwebe ist, und in eine Schwebe hineinzusprechen ist nahezu unmöglich, jedenfalls für Franzi. Wieder ist es Maria Schnee, die das Schweigen bricht:

»Wenn Schnee auf die Tomaten fällt, kannst nichts mehr machen mit denen? Gar nichts? Noch nicht mal eine Soße oder ein Chutney?«

»Nein, die sind dann verdorben«, antwortet Franzi. »Gerad für die Soße müssen's gut reif sein.«

Wieder wird die Pause zu lang, um nicht bedrückend zu sein. Franzi überlegt, ob und was sie der Maria Schnee über Frostschäden an Blättern und Frucht, über Braun- und Krautfäule sagen soll, und Mittel, sie zu verhindern oder zu heilen: Brennnesseljauche, verdünnt, und Zwiebeltee, nicht zu kurz gezogen. Und ein Gartenvlies eben, wie sie es hier in den Händen hat.

»Wär schon gut, wenn die noch reif werden würden, gell?«, fragt Maria Schnee, und man hört ihr an, dass sie eigentlich nicht weiß, was sie sagen soll, und sich allein deshalb noch weiter bei den Tomaten aufhält.

Franzi tritt auf der Stelle, genau wie das Gespräch auf der Stelle tritt. Die Beine drohen ihr wegzusinken. Sie konzentriert sich darauf, ja nicht über die Schwelle zu geraten.

»Ah, hier ist ja die Anna Wald«, sagt Maria Schnee gleich darauf. Erleichterung schwingt in ihrer Stimme.

»Schau, Anna, da ist die Franzi. Sie hat Probleme mit den Tomaten. Dass der Schnee sie verdirbt.«

»Hier heroben?«

»Nein, da drunten ...«

»Und was macht dann die Franzi hier heroben? Hat sie denn den Ruf bekommen?«

»Wird schon so sein, gell? Wär sie sonst hier?«

»Nein, das muss ein Irrtum sein«, schaltet sich jetzt die Franzi ein.

Sie spürt einen Zweifel an ihrem Einspruch in der Luft liegen, und dieser Zweifel macht, dass sie noch weniger als ohnehin die Gesichter der beiden festhalten kann. Wie Schemen sind die, wie Figuren, die im Nebel auf- und abtauchen.

»Ich schau mal nach«, sagt Anna Wald und verschwindet, wie jemand in einem Schwindel verschwindet. Spurlos.

Franzi spürt eine Unruhe, wie sie noch niemals eine verspürt hat. Eine ungeheuerliche Unruhe. Hier wird ja über ihr Leben entschieden. Über ihr Leben und Sterben. Nein, nicht hier. Anderswo. Dort, wohin Anna Wald entschwunden ist. Aber wo ist das? Wo ist das denn bloß?

»Wo denn?«, fragt Franzi, »wo schaut sie denn nach – die Anna?«, und sie spürt ihre Stimme schrill und laut werden, während sie gleichzeitig heftig überlegt, ob sie vielleicht lieber ›Frau Wald‹ sagen sollte oder ›Frau Anna‹ oder ›die Sankt Anna vom Walde‹, und sich nicht genug darüber wundern kann, dass ihr das jetzt gerade wichtig ist: die richtige Anrede.

»Ja mei«, sagt Maria Schnee, »da kann schon mal was ins falsche Packerl geraten ...«

Franzi hört ihr Herz klopfen; überall, im ganzen Körper.

»Halt!«, ruft sie, so laut sie kann. Die Anna Wald soll nicht schauen, sie soll nicht sagen, dass der Ruf unwiderruflich ist. »Ich hab noch zu tun! Ich kann noch nicht ...«

»Zu tun gibt's immer ..., wenn's danach ginge ...« Maria Schnee seufzt.

»Das Haus ist doch noch nicht ... und der Garten ...«, ruft Franzi.

»Aber den weiten Weg, den hast doch jetzt schon gemacht«, fällt ihr Maria Schnee ins Wort, »du willst ihn doch nicht umsonst gemacht haben.«

»Aber noch bin ich doch ... wo bin ich denn?« Franzi kämpft zwischen großer Aufruhr und großer Müdigkeit. Erst dieser Aufstieg, dann dieses Auf-der-Stelle-Treten, jetzt das Auf-der-Schwelle-Sein. Es ist so anstrengend. Und sie ist so müde, so müde, aber nicht: todmüde und nicht sterbensmüde. Das nicht.

Keine Antwort. Die Franzi tritt weiter, festentschlossen, mit hohen Knien, immer wieder ganz raus mit den Füßen aus dem weichen Stoff, nur nicht darin versinken. Sie konzentriert sich ganz aufs Treten. Treten ist ihr Herzschlag. Den sie auf einmal nicht mehr vernimmt. Vielleicht kann sie ihn sich wieder herbeitreten. Sie tritt und tritt.

Von weit her hört sie die Anna sagen, dass sie nichts habe ausrichten können, nichts habe auffinden können; auf ein heilloses Durcheinander sei sie gestoßen. Mancherlei gäbe es da zu klären; nicht nur die Franzi, auch noch andere ungeklärte Fälle, sie habe das Bersiäneli im Verdacht. Seit es hier sei, wo es doch noch gar nicht hier sein sollte. Wenn man mit den Ausnahmen erstmal anfange ...

»Das Bersiäneli?«, fragt die Franzi irritiert. Diesen Namen hatte sie noch nie gehört.

»s' Bersiäneli hat ein paar Täler weiter gelebt als du, Franzi. Wollt' unbedingt hierher. Es war dann so eine Art Austausch.«

»Ausnahmsweise.«

»Jetzt denkt s' Bersiäneli, s' kann sich einmischen. Wie's gerad passt.«

Für Franzi klingt das alles so, als wäre dieses Bersiäneli ihre Chance, letzte Hoffnung.

»Siehst«, beeilt sich die Franzi, »ich bin noch nicht fertig; nicht nur die Tomaten, auch die Äpfel – und die Pflaumen ernten, das alles mag ich fei au noch.«

»Von heroben kannst schon auch was ausrichten, so ist's nicht«, meint Anna Wald.

»Aber die Pflaumen«, sagt die Maria Schnee, »die müssen schon da drunten verarbeitet werden.«

Anna Wald nickt nachdenklich. »Ja, weißt, das wollen andere auch.«

»Aber nicht alle so wie die Franzi, Anna. Die hat all die Jahre nichts verkommen lassen«, meint Maria Schnee.

Anna Wald wiegt den Kopf: »Wir können hier schon auch gute Frauen gebrauchen, Maria.«

Franzi findet es merkwürdig, aber auch schmeichelhaft, wie die zwei Frauen über sie verhandeln. Und wie gern sie hier gesehen wäre.

»Entscheidet das nicht zuletzt: Er?«, fragt sie. Es pocht in ihren Ohren.

Da durchzieht ein feines Lächeln das Gesicht der Anna Wald, und mit leichter Hand hebt sie den Finger an den

Mund. Dieses Lächeln, das eigentlich nichts anderes als ein freundliches, ein innigliches, ein ewigliches Schweigen ist, es ändert alles.

»Hast sonst noch was?«, fragt Maria Schnee, wie um das Thema zu wechseln, freundlich; und doch ist spürbar, dass sie das Gespräch beenden möchte, dass sie eigentlich nur »Auf Wiedersehen« sagen und noch einen »schönen Tag« wünschen möchte. Nichts lieber möchte die Franzi als »ebenfalls« sagen und dorthin gehen, wo sie noch zu tun hat und doch: ›Hast sonst noch was?‹, hat Maria Schnee gefragt. Wird sie je wieder Gelegenheit haben, dieses eine zu sagen, was sie nie gesagt hat. Soll sie oder soll sie nicht?

»Ja, weißt selbst ...«, sagt sie.

»Was meinst?«, antwortet Anna.

»Das damals. Wo auf einmal die Welt nicht mehr war.«

Anna Wald und Maria Schnee nicken. Und warten.

»Wo ich hab mit Ihm nimmer reden können. Und mit niemandem sonst.«

»Auch mit uns nicht.«

»Nein, auch mit euch nicht.«

»Den Glauben hast verloren«, sagt Maria Schnee.

Franzi nickt.

»Und die Hoffnung«, sagt Anna Wald.

Wieder nickt die Franzi und sucht nach Worten, die zu verstehen geben könnten, was sie niemals hat verstehen können, wie die Welt untergehen und gleichzeitig noch hat da sein können. Man ein Auto aufschließen, sich hineinsetzen und fortfahren und Verkehrsregeln einhalten konnte, und doch alles ohne jede Bedeutung ist. Ein Tütchen Backpulver ist nichts außer Erinnerung an ein Tütchen Backpulver, und selbst die Apfelbaumblüten, schön wie immer, oder schön wie nie, rühren an nichts. An nichts mehr. Wie die Menschen ihre Münder bewegen und Worte sagen, die ihr nichts sagen. Und wie sie damals nur noch hat denken können: Wer soll mich zwingen, in dieser Welt, die keine mehr ist, weiterzuleben?

Anna Wald und Maria Schnee schweigen. Dennoch hat Franzi das Gefühl, dass sie recht daran getan hat, den Kummer dort zu melden, wohin zu wenden man sie als Kind gelehrt hatte. Vielleicht war dies ja der tiefste Sinn dieses beschwerlichen Wegs mit dem Vlies an die Pforte, auf die Frage ›Hast sonst noch was?‹ anzugeben, wie ungerecht es ist, erst Welt zu geben und dann Welt zu stehlen; sie nicht entstehen und vergehen zu lassen, in einem verlässlichen Takt, der Himmel und Erde zusammenhält. Und ob sich mal jemand heroben Gedanken darüber macht, wie das auszuhalten sein soll, wenn es so nicht ist. Wie Hoffnung und Glaube da nicht schwinden sollen.

»Aber das Dritte, Franzi, das hast halt nicht verloren«, sagt Maria Schnee nach einer langen Pause. Anna Wald nickt dazu.

»Erst dacht ich schon, aber dann war es doch nicht so –«

»Und das ist halt das Höchste, Franzi. Darum geht es. Es geht um nichts anderes. Um nichts anderes, hörst du? Hörst du?«

Ob sie es hört? Natürlich hört sie es. Aber was soll sie denn antworten? Dass sie das selbst längst weiß?

Erleichtert ist sie, und gleichzeitig hält eine wohlige Schwere in ihren Körper Einzug. Sie sinkt. Wie in einem Heißluftballon, der nicht Ballast abwirft, um aufzusteigen, sondern Gewicht erlangt, um zur Erde zurückzukehren. Das muss sie der Sabina sagen, denkt Franzi, dass ein Mensch gerad so viel Erde braucht, dass man von oben herab gut wieder drauf landen kann – im Falle, dass man sich einmal verstiegen hat.

Da ist sie ja, die Sabina, mit ihrem Kind! Das Kind kann schon laufen. Und liegt jetzt doch an Sabinas Brust. Oder ist es ein zweites? So nah sieht sie dies alles vor sich, dass sie meint, über die Haare der Kinder streicheln zu können.

Ist das auf dem Weg zum Einödle nicht Esma in ihrer Strickjacke – hoffentlich ist die nicht zu dünn, wo's doch Schnee heroben hat –, aber immerhin hat sie Bergschuhe an, nicht Sandalen, wie sonst. Die Bergschuhe sehen genauso aus wie Franzis erste Bergschuhe, dunkles Leder mit dicken roten Schnürbändern. Sabina mit den Kindern, Esma mit den rot geschnürten Schuhen, die Winterlinde, die hat noch Blätter, trotz des Schnees … Durch das dichte Laub hindurch sieht sie auf die vertrauten Kleiderbügel vor sich, die am Schlafzimmerschrank hängen, auch diese zum Greifen nah: der ihre vom Konfektionshaus Moser Moden und der vom Anton, mit dem Schriftzug von Trachten Trauninger, an den sie ihren Bademantel hängt, morgens und abends, und ihrem Anton dabei Guten Morgen sagt und Gute Nacht. Aber ist es Morgen? Oder ist es Nacht? Eine Helligkeit ist das, die ist gleißend wie eine Mittagsstunde im Hochsommer und weißsilbern wie eine Vollmondnacht, beides zugleich, und doch gibt sie nichts zu sehen außer sich selbst. Oder ist sie blind geworden vom Schnee, der ihr entgegenglitzert wie eine unendliche Masse scharf geschliffener Kristalle? Sie streckt die Hand danach aus, will ihn fühlen und schmecken. Obwohl sie sehr gut weiß, dass Schnee nach gar nichts schmeckt, weiß sie auch, dass dieser Schnee nach etwas schmecken wird. Nach Salz. So sehr nach Salz, dass er anderes als Salz nicht sein kann. Reinstes Salz. Was für ein Salz! Es beißt auf der Zunge, bis sie taub ist, nimmt den Atem, macht dürsten, prickelt und bizzelt in Gaumen und Kehle. Es schmerzt und es betäubt. Es tut gut, und es tut weh. Bis Tränen in die Augen schießen und sich in der Kehle ein Lachen löst, das vollkommen in dieser Welt ist – und weit darüber hinaus.

# Epilog

Im Halbdunkel hat sie sich auf dem Boden ausgestreckt. Die Schultasche ist ihr Kopfkissen. Etwas hart, aber nicht so hart wie der Kunstunterricht – den sie schwänzt. Nachdem die Pause abgeklingelt worden war, ist sie nicht zurück ins Schulgebäude gegangen, sondern auf Umwegen, besser gesagt, auf Wegen, die nur sie kennt, zum Einödle hochgelaufen. An einem Mittwochmittag wird sich schon niemand hierher verirren, der sie verpetzten könnte.

Wo einst eine Tür war, verschließen jetzt breite Latten die Öffnung. Aber zwei davon sind lose und lassen sich leicht herausheben; schon hat man einen Einstieg. Kühl ist es hier und ruhig. Nur den Wind hört man ums Haus gehen. Sehen kann man ihn auch: durch die kleine Fensteröffnung, wie er mit dem Laub der Linde spielt. Wenn sie die Augen halb schließt, sieht sie im Wirbel der Blätter einen grüngoldenen Fluss, dem man sich anvertrauen darf, der sie davonträgt in einen kurzen köstlichen Schlummer hinein. Schuleschwänzen ist anstrengend. Sie muss Kraft sammeln, denn sie weiß, was kommt: Ein Eintrag ins Klassenbuch, eine Nachricht an die Eltern und, am schlimmsten, ein Gespräch mit dem Kunstlehrer, der selbst daran schuld ist, dass sie schwänzt, warum ist er auch so hintenrum gemein. Sie hat gesehen, wie er freundlich mit den Kindern spricht, aber ihnen Grimassen hinterher schneidet, sobald sie sich umdrehen. Ihrer Freundin hat er gesagt, es reiche noch für eine 4 auf dem Zeugnis, und dann stand doch eine 5 drin. Und einmal, als sie während der Pause in den Kunstraum geschickt wurde, hat sie gesehen, wie er einen großen toten Käfer von der Fensterbank genommen und ihn der Anni auf den Tisch gelegt hat. Sie hasst ihn, und wenn man hasst, kann man eh' nichts lernen.

»Ich hasse Sie, also muss ich ja schwänzen« – das ist nicht das, was er von ihr hören will.

»Es tut mir leid«, will er von ihr hören, und: »Es wird nicht wieder vorkommen.« Sie grübelt darüber nach, wie sie diese Sätze sagen und gleichzeitig zunichtemachen kann. Vielleicht, indem sie sie sagen und still für sich zu Ende sprechen würde: »Es tut mir leid – (dass Sie doof sind)«. Da ließen sich glatt noch zwei ›so‹s einbauen: »Es tut mir *so* leid – (dass Sie *so* doof sind).« Und: »Es wird nicht wieder vorkommen – (dass ich Sie auf dem Schulhof grüßen werde).« Nur zum Beispiel. Wie viele sehr, sehr schöne Zu-Ende-Sätze es doch gibt. Sie schaut auf die Wand vor sich, als wäre dort die Tafel, auf der sie ihre Ergänzungen festhalten und auswendig lernen könnte. Da sieht sie die Striche.

Sie weiß sofort, dass es keine Risse im Holz sind; sie weiß genau, wie Risse im Holz aussehen; und dies sind keine Risse, es sind Striche. Striche ohne Stift. Mit den Augen zeichnet sie die Linien im Holz nach. (Weshalb man das gar nicht mehr Schwänzen nennen kann, was sie gerade macht.) Aber immer fehlt ihnen ein Stückchen, so will es ihr scheinen. Vielleicht liegt es auch nur am schummrigen Licht. Sie steht auf und ertastet die Einkerbungen mit den Fingerkuppen. Kratzt mit den Fingernägeln ein brüchiges Zeug aus den Vertiefungen, nimmt ihre Haarspange zur Hilfe.

›Es ist ein Schuh‹, sagt sie und erschrickt darüber, wie laut ihre Stimme sich anhört. Aber sie findet Gefallen daran. Gleich noch einmal. »Es ist ein Schuh!« Das erste Mal war es eine Vermutung, jetzt ist es eine Gewissheit: »Ein Schuh ist es, ein Schuh!«

Und sie weiß auch genau, was für ein Schuh. Es ist ein Schuh, wie er auf den Programmzetteln vom Freilichttheater abgebildet war, die sie im letzten Sommer mit ihrer Freundin verteilt hat. Zehn Euro haben sie fürs Verteilen der Zettel bekommen, und zwar *je* zehn Euro. Da hat sie diesen Schuh mit den in der Luft tänzelnden Bändern gleich doppelt gerngehabt. Diesen Bauernschuh aus der Zeit der Aufstände. »So einer ist das!«, ruft sie – ruft sie sich zu, als bräuchte sie sich selbst als Zeugin. Denn sie wird ihre Entdeckung ja für sich behalten. Menschen, die das Einödle stürmen, um einen Schuh im Holz zu sehen, kann sie hier nicht brauchen. Mindestens so lange sie hin und wieder die Schule schwänzen *muss, muss* alles bleiben, wie es war. »Das erzähle ich nicht«, sagt sie – und verbessert sich: »Das erzähle ich *noch nicht.*« Sie bückt sich und sammelt aus dem Staub die klebrigen Bröckchen auf, drückt sie wieder hinein, mit Daumen und Spucke. »Später vielleicht.«

»Vielleicht jetzt«, denkt Sabina und schaut von ihrem Schreibtisch aus auf den Schuh im Balken neben dem Ofen. In dem brennt ein kleines Feuer. Noch ist es Spätsommer, aber von Osten her bläst ein scharfer Wind, und das Kind soll es warm haben in seinem Bettchen. Es wird noch Jahre dauern, bevor sie beginnen wird die

Schule zu schwänzen, die kleine Franzine. Dass sie es tun wird, daran zweifelt Sabina nicht.

Rechts und links von ihr stapeln sich Bücher, Kopien, Dokumentenmappen. Das alles hat sie durchgearbeitet, hat sich durch ein Deutsch hindurchgepflügt, das fremd und lustig und grausig ist, bis ins Jahr 1474, als ein gewisser Adam Endres auf einem Stückchen Land, gegenüber dem Dorfkrug in Linderhofen, ein kleines Haus gebaut hat. Dieses Haus. Im Jahr 1500 wurde es an den Sohn vererbt, Johann Endres. Johann zog in den Aufstand, zog in den Krieg, ward gehenkt zu Sulzberg im Mai 1525. Ist der ins Holz geritzte Schuh von ihm? Oder von Fidel Endres, seinem Sohn, der mit dem Haus weit nach draußen gezogen ist? Der Vater gehenkt, das Haus versetzt, aber sieben Kinder und ein langes Leben – fast fünfundsiebzig Jahre ist er alt geworden. Immer weiter geht es mit der Familie Endres im Einödle, bis auf einmal, vor zweihundert Jahren, ihre Spur ins Österreichische führt, sich verliert und das Einödle eine Verlassenschaft wird.

Das alles weiß sie jetzt. Und weiß doch nicht, wie sie die Chronik anfangen soll, die sie versprochen hat. Sie starrt auf den Schuh im Holz.

Bundschuh, denkt sie: Hunger, Aufstand, Krieg. Erst gibt die Erde weniger her, bald ist den Bauern alles genommen. Sie stehen auf und niedergeschlagen werden sie von den eigenen Landsleuten. Uralte Geschichte. Weltweit neu aufgeführt.

Sie nimmt einen Stift zur Hand. »Jeder Bauernkrieg«, schreibt sie, »ist immer auch ein Bürgerkrieg. Er hat zwei Gesichter: Die Not und den Mut.«

Sie zögert, dann legt sie ein leeres weißes Blatt über

das Blatt, auf dem sie gerade angefangen hat, ihre Gedanken zu notieren. »Für Franzi«, schreibt sie.

Dies war der Anfang, nach dem sie gesucht hatte.

# GLOSSAR

**aynödine/einoede:** mittelhochdeutsch für: einsame, verlassene Gegend. Etwas zur aynödine/Einöde zu machen (Vereinödung), bedeutete im Zeitraum etwa von 1540 bis 1790 im Allgäu und in den angrenzenden Gegenden eine Befreiung von Weidediensbarkeiten und Flurzwang, einen ›Ausbau‹ von Hofgebäuden an einen Platz außerhalb des Dorfes und eine wirtschaftlich günstigere Aufteilung der Felder.
Im Allgäu waren es nicht Vertreter der Obrigkeit, sondern die Bauern selbst, die, wenige Jahrzehnte nach Ende des Bauernkriegs, diesen Prozess angestoßen haben.

**trieb und tratt:** Diese rechtssprachliche Formel war im 16. Jahrhundert im schwäbischen und alemannischen Raum gebräuchlich für das Weg- und Weiderecht: das ›Austreiben des Viehs auf die Weide‹.

**spän und irrungen:** ein Rechtsausdruck der alten Dorfgerichte für Streitigkeiten, die rechtliche Entscheidung erfahren beziehungsweise erfahren sollen.

**wun und weide:** mittelhochdeutsch für ›Wiesenland‹, nur in der alliterierenden Rechtspaarformel Wunne und Weide; oder auch Wasser, Wund und Weide.

**sterben und genesen:** mittelhochdeutsch, aus dem Kampfleben stammende Schwurformel. Das Versprechen, im

Kampf alles, was geschehen kann: Festnahme, Haft, Folter, mit den Mitkämpfenden gemeinsam zu erdulden.

**beunde, auch beund, biunte, buind:** mittelhochdeutsch für ein eingehegtes Grundstück, das dem Flurzwang entzogen ist, privat genutzt wird, zumeist ganz in der Nähe des Wohnhauses liegend.

**allmende:** mittelhochdeutsch für Gemeindeflur und Gemeindeweide, Grundeigentum innerhalb einer Gemarkung. Im 16. Jahrhundert bemächtigte sich die Obrigkeit immer wieder auch dieser Grundstücke.

**bundschuh:** die einfache Fußbekleidung der Bauern. Galt als Symbol und Bezeichnung der Bauernaufstände gegen Unterdrückung, wirtschaftliche Not und Leibeigenschaft im ausgehenden 15. und beginnenden 16. Jahrhundert, vor allem in Südwestdeutschland, angeführt von Joß Fritz (1470–1525); die Bundschuh-Bewegung gilt als Vorbereitung der Bauernkriege von 1524 bis 1526.

**zwölf artikel:** die am 6. März 1525 in Memmingen gestellten Forderungen der Bauern gegenüber dem Schwäbischen Bund. Als Flugschrift in 25 000 Exemplaren gedruckt. Gilt inzwischen als erste Aufzeichnung von Menschen- und Freiheitsrechten in Europa.

**fôno:** mittelhochdeutsch, auch phounne oder phönne; aus dem lateinischen favonius: warmer, trockener Fallwind aus Süden und Südwesten (heute: Föhn).

(Quellen: Etymologisches Wörterbuch des Deutschen sowie Trier Center for Digital Humanities: Deutsches Wörterbuch von Jacob Grimm und Wilhelm Grimm. Online unter: woerterbuchnetz.de.)

\* \* \*

**Sambose:** frittierte Käsetaschen mit Petersilie.
**Battersh:** Auberginenpüree mit Tomatenhackfleisch.
**Kibbeh:** mit Hackfleisch gefüllte Teigtaschen aus Bulgur.
**Ashtaleyee:** syrisches Dessert aus Milchcreme mit einem Gewürz aus Kandiszucker (Mcetkh).
**Mhallayeh:** traditionelles syrisches Dessert aus süßer Vanillecreme, mit Rosenwasser, Pistazien, Mandeln …
**Sayyalat:** Kuchen aus süßen Fladen (»syrische Pfannkuchen«).
**Tmarekaek:** eine Art Crêpe aus Damaskus.

(Quelle: Malakeh Jazmati: *Malakeh*, im Literaturverzeichnis)

**Dschabal asch-Schaich:** Der Hermon. Ein 2814 Meter hoher Berg im Grenzbereich zwischen Libanon, Syrien und Israel.

**schadschar as-sanaubar:** Pinie.

\* \* \*

›**Maria Schnee**‹: (Unsere Liebe Frau vom Schnee, Sankt Maria ad Nives, Madonna della Neve) verweist auf ein Schneewunder vom 5. August 358 in Rom, heute Standort der Basilika Santa Maria Maggiore.

›**Anna Wald**‹: Sankt Anna, die Mutter Marias, seit dem 13., besonders aber seit dem 16. Jahrhundert in unzähligen Wallfahrtsorten und Kapellen in Wäldern und auf den Feldern verehrt (Gedenktag 26. Juli).

›**Die Säligen Fräulein**‹ oder auch ›Weiße Frauen‹ sind Gestalten der alpinen Sagenwelt und scheue, aber liebe- und huldvolle Bewohnerinnen von Felsen und Höhlen. Ihren Kochtöpfen im Inneren der Erden darf sich nähern, wer eingeladen ist. Sie nähren und helfen den Menschen, erwarten aber Verschwiegenheit.

›**Das Bersiäneli**‹: eine sagenhafte Gestalt in den Glarner Bergen, der das Sterben verboten ist, nicht jedoch das Zaubern – bis Tim Krohn es erlöst in seiner einzigartigen Alpen-Saga ›Vrenelis Gärtli‹.

# LITERATUR

Anregungen und Informationen habe ich aus den folgenden Schriften gewonnen:

Thomas Adam: *Joß Fritz. Das verborgene Feuer der Revolution. Bundschuhbewegung und Bauernkrieg am Oberrhein im frühen 16. Jahrhundert*, 3., aktualisierte, umfassend überarbeitete und ergänzte Auflage, Ubstadt-Weiher 2013.

Anita Albus: *Das botanische Schauspiel*, Frankfurt 2007.

Hannah Arendt: *The Modern Challenge to Tradition: Fragmente eines Buches.* Kritische Gesamtausgabe, Bd. 6, Göttingen 2018.

Friedrich Engels: *Der Deutsche Bauernkrieg*, Berlin 1989.

Adalbert Erler: »Speisegemeinschaft«, in: *HRG* (Handwörterbuch zur deutschen Rechtsgeschichte) IV, Berlin 1990, S. 1748–1751.

*Etymologisches Wörterbuch des Deutschen in 3 Bänden* – erarbeitet von einem Autorenkollektiv des Zentralinstituts für Sprachwissenschaft unter der Leitung von Wolfgang Pfeifer, Berlin 1989.

Hans-Jürgen Goertz: »Brüderlichkeit – Provokation, Maxime, Utopie. Ansätze einer fratanitären Gesellschaft in der Reformationszeit«, in: H. R. Schmidt und A. Holenstein (Hrsg.): *Gemeinde, Reformation und Widerstand*, Tübingen 1998, S. 161–178.

Frédéric Hartweg und Klaus-Peter Wefera: *Frühneuhochdeutsch. Eine Einführung in die deutsche Sprache des Spätmittelalters und der frühen Neuzeit*, Tübingen 2005.

Heimatbund Allgäu e.V. (Hrsg.): *Allgäuer Dorffibel. Ein Leitfaden zur Ortsbildgestaltung und zum Bauen im ländlichen Raum*, Leutkirch 1986.

*Heimische Kräuter und Pilze. Eine reizende Bildersammlung*, gewidmet von der Imperial Feigenkaffee Fabrik Zweigniederlassung München.

Michael Henker, Eberhard Dünniger, Evamaria Brockhoff: *Hört, sehet, weint und liebt. Passionsspiele im alpenländischen Raum*, München 1990.

Helga Hoffmann: *Revolution, Randale und Reformen. Bauernbefreiung in Bayrisch-Schwaben vor 150 Jahren. Begleitbuch zur gleichnamigen Sonderausstellung des Schwäbischen Bauernhofmuseums Illerbeuren*, 1998.

Barbara Huber: *Im Zeichen der Unruhe. Symbolik bäuerlicher Protestbewegungen im oberdeutschen und eidgenössischen Raum 1400–1700*, Bern 2005.

Gundula Hubrich-Messow (Hrsg.): *Sagen und Märchen aus dem Allgäu*, Husum 2018.

Günter Jäckel: *Kaiser, Gott und Bauer: Die Zeit des Deutschen Bauernkrieges im Spiegel der Literatur*, Berlin 1975.

Joachim Jahn und Wolfgang Hartung (Hrsg.): *Gewerbe und Handel vor der Industrialisierung*, Sigmaringendorf 1991.

Lutz Jäkel: Syrien. *Ein Land ohne Krieg*, München 2017.

Malakeh Jazmati: *Sehnsuchtsrezepte aus meiner syrischen Heimat*, München 2017.

Otto Kettemann (Hrsg.), Helga Hoffmann (Red.): »Droben im Allgäu, wo das Brot ein End' hat«. *Zur Kulturgeschichte einer Region*, Kronburg-Illerbeuren 2000.

Peggy Klein: *Die Drusen in Israel*, Marburg 2001.

Gernot Kocher: »Das Recht im bäuerlichen Alltag«, in: *Bäuerliche Sachkultur des Spätmittelalters*, Wien 1984, S. 49–61.

Hans-Joachim Köhler: *Flugschriften des frühen 16. Jahrhunderts*, Zug 1983.

Tim Krohn: *Vrenelis Gärtli*, Frankfurt 2007.

Silvia Lanig: *Allgäuer Kochkunst*, Kempten 1992.

Franz Müller und Udo Scholz: *Ehe denn die Berge wurden. Geschichte, Gesteine und Gestalt der Allgäuer Landschaft*, Kempten 1965.

Peter Nowotny: *Vereinödung im Allgäu und in den angrenzenden Gebieten*, Kempten 1984.

Heide Ruszat-Ewig: *die 12 bauernartikel. flugschrift aus dem frühjahr 1525*, Memminger Geschichtsblätter, Sonderheft 2018.

Edith und Walter von Sanden-Guja: *Bunte Blumen überall*, Hannover 1963.

Ulrich Steinmann: »Die Bundschuhfahnen des Joss Fritz«, in: *Deutsches Jahrbuch für Volkskunde 6,2* (1960), S. 243–284.

Hermann Strobach: *der arm man 1525*. Volkskundliche Studien (Hrsg.), Akademie, Berlin 1975.

Manfred Treml, Reinhard Riepertinger und Evamaria Brockhoff (Hrsg.): *Salz macht Geschichte*, Katalog, Augsburg 1995.

Lew N. Tolstoj: *Wieviel Erde braucht der Mensch? Erzählungen und Legenden*, Frankfurt/M. 1989.

Anton Waltenberger: *Allgäuer Alpen*, München 1970.

Alfred Weitnauer: *Kempten und das Allgäu*, Kempten 1958.

Johann Gottlob Worbs: *Geschichte und Beschreibung des Landes der Drusen in Syrien*, Görlitz 1799.

# Hinweis und Dank

Erste Überlegungen und Textversionen von »Bergsalz« reichen zurück bis ins Jahr 2016. Die Handlung des Romans und seine Figuren sind erfunden.

Ich danke Werner Kogge, Michaela Kenklies, Martin Nieder, Shoghig Hartmann, Alice Lagaay sowie Peter und Susanne Klüpfel für viele wertvolle Hinweise.

Peter Marti danke ich für die Erlaubnis, sein Werk »Dreigestirn« für die Cover-Gestaltung von »Bergsalz« zu verwenden.